Kurz-Info Schränkung und Blattstärke
27. Würth-Literaturpreis

Kurz-Info Schränkung und Blattstärke

27. Würth-Literaturpreis

Mit einem Vorwort
von Kathrin Passig und Clemens Setz

Herausgegeben von
Dorothee Kimmich und Philipp Alexander Ostrowicz
unter Mitarbeit von Caroline Merkel
und Tamara-Madeline Fröhler

Swiridoff Verlag

Die Tübinger Poetik-Dozentur und der Würth-Literaturpreis sind Projekte der Stiftung Würth. Die Veranstaltungen werden von der Adolf Würth GmbH & Co. KG großzügig gefördert.

Erste Auflage 2016
© Swiridoff Verlag, Künzelsau
© der einzelnen Texte bei den Autoren

Gestaltung und Satz:
Neues Sortiment, D. Geiger, K. Wells GbR, Karlsruhe
Druck und Bindung:
Beltz, Bad Langensalza

ISBN: 978-3-89929-337-1

Inhaltsverzeichnis

Kathrin Passig / Clemens Setz:
DER SÄGEMÖRDER WOHNTE EINE TREPPE TIEFER
VORWORT 7

Kai Metzger:
FUGE NULL UND ANDERE EINRICHTUNGSIDEEN 13

Stefan Habermann:
SÄGEBILD UND SEELENBILD 19

Klaus Gottheiner:
SÄGE, WALD UND UNTERGANG 25

Martina Berscheid:
RUHIG BLEIBEN 31

Gerhard Dick:
SAVIGNY 37

Gabriele Hammer:
TSCHÜSSIKOWSKI 45

Birgit Hofmann:
RYOBA RIDE 51

Verena Keßler:
DEUTSCHLANDTRIKOT GRÖSSE M 59

Felix Kucher:
RECHTSMEDIZIN 65

Evamarie Kurfess:
WELTEN 71

Doris Anna Schilz:
DIE REIHENFOLGE DER SUMMANDEN IST EGAL 77

Monika Severith:
NEWS ON TOUR 83

Ulla Steuernagel:
OYAKATA 89

Ralf Thies:
FINNISCHE ARCHITEKTENTASCHE, JAPANISCHE ZUGSÄGE 95

Dorothee Kimmich / Philipp A. Ostrowicz:
KURZ-INFO SCHRÄNKUNG UND BLATTSTÄRKE.
EIN NACHWORT 103

Biographien der
AUTORINNEN UND AUTOREN 107

Kathrin Passig / Clemens Setz
Der Sägemörder wohnte eine Treppe tiefer
Vorwort

Vorworte beginnt man am besten mit Kafka. An seine Geliebte Milena Jesenska schrieb er 1922:

»Kennen Sie von Eichendorff das Gedicht: ›O Täler weit, o Höhen!‹ oder von Justinus Kerner das Gedicht von der Säge? Wenn Sie sie nicht kennen, werde ich sie Ihnen einmal abschreiben.«

Das ›Gedicht von der Säge‹ war, wie er auch an anderer Stelle betont, sein Lieblingsgedicht. Es heißt eigentlich »Der Wanderer in der Sägmühle« und geht so:

> Dort unten in der Mühle
> Saß ich in süßer Ruh'
> Und sah dem Räderspiele
> Und sah den Wassern zu.
> Sah zu der blanken Säge,
> Es war mir wie ein Traum,
> Die bahnte lange Wege
> In einen Tannenbaum.
> Die Tanne war wie lebend,
> In Trauermelodie,
> Durch alle Fasern bebend,
> Sang diese Worte sie:
> Du kehrst zur rechten Stunde,
> O Wanderer, hier ein,
> Du bist's, für den die Wunde
> Mir dringt ins Herz hinein!
> Du bist's, für den wird werden,
> Wenn kurz gewandert du,

Dies Holz im Schoß der Erden
Ein Schrein zur langen Ruh'.
Vier Bretter sah ich fallen,
Mir ward's ums Herze schwer,
Ein Wörtlein wollt' ich lallen,
Da ging das Rad nicht mehr.

Andere Dichter hätten vielleicht geschrieben ›das Gedicht vom Sarg‹ oder ›das Gedicht vom sprechenden Tannenbaum‹ oder ›das Gedicht von dem armen Mann, der in der Sägemühle an seinen Tod erinnert wird‹. Kafka fiel vor allem die Säge auf. Ihn erfreuten technische Vorrichtungen und Maschinen. Natürlich war die Säge für ihn die Hauptfigur in dem Gedicht – obwohl es ja der Tannenbaum ist, der zum Wanderer spricht. Die Säge spricht nicht, sie macht einfach ihr Werk.

Von hier aus könnte man eine Theorie entwickeln, die besagt, dass Sägen und Sprechen selten oder gar nie gemeinsam vorkommen. Wenn gesägt wird, gibt es in der Regel nichts zu sagen (abgesehen vom Sportkommentar bei Strongman Competitions, wo dicke Stämme in möglichst kurzer Zeit durchzusägen sind). Aber sonst schweigt man beim Sägen.

Vielleicht geschieht das aus Pietät, denn nicht nur bei Kerner redet die Säge vom Sterben. Man denke an *Texas Chainsaw Massacre* oder die Serie der *Saw*-Filme. Natürlich kommen auch Äxte in Horrorfilmen vor, Jack Nicholson schlägt in *The Shining* eine durch eine Tür. Es gibt die Bezeichnung »Axtmörder« als eigenes Mord-Genre. Im koreanischen Film wird häufig mit dem Hammer getötet, etwa in *Oldboy* oder *The Chaser*. Warum gibt es keine gängige Bezeichnung »Sägemörder«? Schauen wir uns den Anfang von Jonathan Carrolls Roman *Bones on the Moon* an:

»Der Axtmörder wohnte eine Treppe tiefer. Wir kannten uns, weil er ständig seinen hässlichen kleinen Hund ausführte, den ich immer streichelte, wenn ich den beiden zufällig im Hausflur begegnete.«

Hätte Carroll »Sägemörder« geschrieben – wäre dieser Romananfang dann besser oder schlechter? Wäre »Sägemann« besser als »Sägemörder«? Schon das Wort »Axt« klingt entschlossener als »Säge«. Vielleicht liegt darin der Grund für die Beliebtheit der Säge in Horrorfilmen: Wenn man sägt, impliziert das eine gewisse Hingabe des Sägenden. Mit einem Schwert, einer Axt oder einem Hammer kann man schnell zuschlagen, im Affekt, kann verletzen oder töten, und sich dann gleich abwenden, entweder weil man das Ergebnis nicht sehen will oder weil man sich einem neuen Gegner widmen muss. Was, wenn ein Kinogast im entscheidenden Moment ins Popcorn blickt? Wer jedoch sägt, der sieht hin, verfolgt und verzeichnet langsamen Fortschritt. Sein Geist ist für den Anblick des sich erst nach und nach zerteilenden Gewebes und die in Zeitlupe verlaufende Qual gemacht.

Mit der Handsäge wird selten gemordet. Vielleicht bevorzugen Lese- wie Kinopublikum eine mittlere Zerteilungsgeschwindigkeit, wie sie sich erst durch Elektrogeräte erreichen lässt. Alexander Kluge schrieb 2011 ein Buch, das »Das Bohren harter Bretter« heißt. Das Bohren ist hier ein Bild für Politik, es stammt ursprünglich von Max Weber: »Die Politik bedeutet ein starkes langsames Bohren von harten Brettern mit Leidenschaft und Augenmaß zugleich.« Weber schrieb diesen Satz im Jahr 1919, über zwanzig Jahre nach der Einführung des elektrischen Handbohrers. Wahrscheinlich besaß er selbst keinen und musste eigene Bretter noch mit Leidenschaft statt mit Strom bohren. Als Alexander Kluges Buch knapp hundert Jahre später erschien, erforderte das Bohren harter Bretter weder Zeit noch Leidenschaft und in der industriellen Lochproduktion nicht einmal mehr Augenmaß.

Als Laie könnte man annehmen, die Säge trenne eben ein Ding in zwei Teile. Tatsächlich erzeugt eine Säge drei bis vier Dinge, nämlich zusätzlich zu den zwei Teilen noch einen Zwischenraum und Sägemehl. Das Sägemehl ist aus dem Zwischenraum abzutransportieren. Damit sich die Säge nicht verklemmt, muss der Spalt breiter sein als das Sägeblatt. Kaninchen, Katzen oder Oktopoden gleiten geschmeidig durch viel zu schmale Ritzen, Sägen nicht. Wäre die Säge ein Kaninchen, dann könnte man mit einem fünfzehn Zentimeter starken Sägeblatt einen fünf Zentimeter breiten Schnitt anlegen. Weil sie keines ist, müssen wir uns gelegentlich über Schränkung und Blattstärke informieren. Prosaschreiben wird gern mit Langstreckenlauf, Gärtnern und ähnlichen Dingen verglichen. Wir könnten hier daher leicht billige Parallelen von Schreiben und Sägen behaupten, beides ist eine Arbeit für Geduldige. Aber wie Politik nicht vom Erzeugen von Löchern handelt, geht es auch beim Schreiben selten darum, aus einem Teil zwei zu machen (es sei denn, der Verlag verlangt das aus wirtschaftlichen Gründen). Was einmal durchgesägt ist, lässt sich nicht spurlos wieder zusammenfügen. Das ist beim Schreiben anders als in der Schreinerei, jedenfalls seit der Einführung von Textverarbeitungssystemen. Schreiben ist, wenn überhaupt, wie vorsichtiges Sägen auf der atomaren Ebene, auf der sich alles Zerteilte bereitwillig wieder vereinigt. Oder wie ein harmloser Gruselfilm für Molche: Das Bein wächst ja wieder nach.

Eigentlich handelt es sich aber um eine Tätigkeit, die keine neuen Zwischenräume erzeugt, sondern welche füllt: 87 weiße Seiten am Anfang einer Anthologie über Sägeblätter zum Beispiel, oder Lücken im Regal. Solche ungefüllten Räume sind beunruhigend wie der leere Sarg in Kerners Sägegedicht. »Hier kommt noch etwas hin«, sagen sie, »und das könntest du sein, Wanderer«. Wahrscheinlich hat die Säge aber einfach keine Ahnung, und aus den vier Brettern wird kein Sarg, sondern ein Bücherregal.

Kai Metzger
FUGE NULL UND ANDERE EINRICHTUNGSIDEEN

Schlimm steht es um Heimkehrer, die das Elend zu feinen Leuten gemacht hat.

Solch ein Mann ist Johannes Gellert, dessen Fotoreportagen aus dem *Stern*, *Paris Match* und dem *New Yorker* jedermann bekannt sind. Er lag im Dreck in Ruanda, er lag im Dreck im Kosovo, er lag im Dreck in Haiti. Er hat das Elend nicht nur dokumentiert und damit zur internationalen Meinungsbildung beigetragen, er war ins Elend eingebettet. Seine letzten Schokoriegel hat er mit Kindern in permanenten Zeltlagern geteilt. Die Witwe des in seinen Armen verstorbenen GIs hat er aufgesucht und nicht fotografiert. Als im belagerten Sawadogo die Cholera ausbrach, hat er Gräber geschaufelt; sein Bild von der Beerdigung fünfjähriger Zwillinge wurde Pressefoto des Jahres. »The Great Gellert« nannte man ihn, ganz ohne Ironie, im Kollegenkreis der Krisen-, Kriegs- und Katastrophen-Reporter.

Dann machte er Schluss, von einem Tag auf den anderen, genau an seinem vierzigsten Geburtstag. Er packte alles, was er aus dem Elend mitgebracht und im Keller seines Elternhauses gehortet hatte, in Aluminiumcontainer mit Scheuerleisten aus Hartgummi. Wirklich alles: Seine sieben Kameras, darunter die Hasselblad 500 C/M mit dem Schrapnelltreffer; sein gesamtes Material, vom Diafilm aus dem Jahr 1993 bis zu den Gigabyte-Speicherkarten von 2010; seine Fotografenweste mit einundzwanzig aufgesetzten Taschen, zerrissen und geflickt wie sie war; seinen Schlapphut mit Kinnriemen; seine Armbanduhr mit Kompass und Höhenmesser; Reisedokumente aller Herren Länder, Arbeitsjournale, ja sogar seine privaten Tagebücher. Das Deutsche Historische Museum akzeptierte die Gellertschen Aluminiumcontainer als Schenkung, und das war das Letzte, was die

Öffentlichkeit über ihn erfuhr. Seine Autobiographie, vom Steidl Verlag hoch bevorschusst, lässt auf sich warten.

Ein Jahr später lud er mich und Michelle Müller ein. Er wusste, wir würden wegen eines Kongresses in der Stadt sein. Uns dagegen war neu, dass er im städtebaulichen Coup *New Harbour* ein Penthouse bezogen hatte.

Michelle kam geradewegs vom Flughafen, nach sechs Wochen Recherche an der türkisch-syrischen Grenze. Ihr rübenfarbenes Haar pflegt sie ohne Zuhilfenahme eines Spiegels zu schneiden; ihr fettes Notizbuch beult eine Gesäßtasche aus; die Hacken ihrer Stiefel sind schiefgelaufen – das alles wohlüberlegt, um sich von Typen wie mir zu unterscheiden, die feige oder weise über Redaktionsflure schleichen, die Statuten unter dem Arm. Aber wir mögen uns. Als wir vor dem Haus einander unversehens umarmten, griff sie unter mein Jackett und kniff mich in den Hüftspeck.

»Kommt sonst noch wer?«

»Nicht dass ich wüsste.«

Ein dunkelhäutiger Mann in blauer Uniform öffnete die Glastür erst nur halb und ließ sich unsere Namen ansagen.

»Herr Gellert erwartet Sie.«

Der Umbau des gründerzeitlichen Kontorhauses in Luxuswohnungen war gelungen, allerdings hätten Abriss und Neubau kaum die Hälfte gekostet. Wir fuhren in den siebten Stock, ein kühler Gong ertönte, ich blickte in eine Überwachungskamera hinauf, und nach einer irritierenden Verzögerung öffneten sich die Aufzugtüren in einen riesigen, fast ganz leeren Raum aus weißen Wänden und sandfarbenem Parkett.

Die Begrüßung fiel weniger herzlich aus als vielleicht erwartet – auch zwischen Gellert und Michelle, die mehr als einmal aus derselben Pfütze getrunken hatten.

Auf der Straße oder einem Redaktionsflur hätte ich ihn kaum wiedererkannt. Nie hatte ich ihn so intakt und distinguiert gesehen, sein Gesicht nie so gesammelt, seine Hände nie so glatt. In Ruanda hatte er Flöhe gehabt, im Kosovo Läuse, in Haiti Wanzen.

»So eine Halle wollte ich haben«, sagte er mit einer bescheidenen Geste in den Raum hinein. »Die Fläche ist so beruhigend.«

Wir standen neben der Garderobe drei Stufen erhöht über dem Parkettmeer. An den Längsseiten führten wiederum drei Stufen in Nebenräume: links war eine Pantry zu erahnen, rechts mussten sich Schlafzimmer und Bäder befinden.

»Findet ihr den Raum zu hoch? – Nicht ein einziges Bild an der Wand, daran liegt es.«

»Das Sonnensegel ist sehr hübsch«, sagte ich höflich.

Es war ein grüner Baldachin vor einem ungeheuren schrägen Fenster.

»Aus ägyptischem Schilf«, sagte Gellert. »Man fühlt sich wie unter Wasser, wenn die Sonne draufsteht.«

Wir schritten selbdritt dahin, Platz war ja genug; doch eine Unterhaltung, die Michelle mit »Und was treibst du so?« halbherzig eröffnete, verflog wie Rauch.

Es gab nur drei Stühle, nebeneinander an einer Wand, so dass wir wie in einem Zugabteil gesessen hätten.

Auf einem niedrigen Sockel stand ein Plattenspieler, im Regal darunter eine jüngst begonnene Plattensammlung. Ich kippte fünf Alben mit spitzem Finger: alle vom *Play Bach Trio*.

»Ich werde nachher in aller Ruhe etwas auflegen«, sagte Gellert. »Natürlich im Nassabspielverfahren. Mit einer Mischung aus destilliertem Wasser und Isopropanol.«

Zu Trinken gab es einen Chablis, einen *Grand Cru Valmur* 2011, wie Gellert uns informierte. Wir tranken im Stehen, auch eine zweite Flasche, und wir durften die Gläser nicht auf dem einzig geeigneten Möbel abstellen.

Es war ein hüfthoher Schrank mit zwei Reihen von jeweils elf Schubladen. Verwaltungsdesign aus den Dreißiger Jahren. Die Oberfläche aber, ursprünglich wohl dunkelgrünes Linoleum, war eine Einlegearbeit aus drei verschiedenen Hölzern, Kirschbaum, Schwarznuss und Ahorn vielleicht und stellte ein Würfelmuster dar; der dreidimensionale Effekt war mehr unvermeidlich als erkünstelt.

»Ursprünglich hab ich das Ding gekauft, damit wenigstens ein ganz überflüssiges Möbel hier herumsteht«, sagte Gellert. »Dann hab ich mich mit Intarsien beschäftigt. Eine Fuge Null gibt es nicht. Aber man strebt sie an, die Fuge Null. Ich habe das selbst gemacht, unter Anleitung eines Tischlers. So etwas geht nur mit bestimmten japanischen Sägen.« Er fügte eine Kurz-Info über Schränkung und Blattstärke der Sägen hinzu, und ich ergänzte, allwissender Redakteur, dass auch eine Zahnteilung zwischen 1 und 1,5 Millimeter sauberste Schnitte begünstige ...

»Boah, wie ungeheuer ironisch«, sagte Michelle. »Was steckt denn wohl ...« Sie zog die oberste der linken Schubladen auf: leer. Sie zog die oberste der rechten Schubladen auf: leer.

Gellert lächelte fein.

Die nächsten beiden Schubladen ebenfalls leer, in der dritten Schublade auf der linken Seite ein luftiger Stapel von Bögen mit getuschten Skizzen.

»Handgeschöpftes Büttenpapier aus einer Manufaktur im Elsass. Man beachte die Siebstruktur«, informierte uns Gellert.

Ich sah nur flüchtig drüber hin; es schienen mir florale Motive zu sein: Kannenpflanzen, Moospolster, kleine Knospen zwischen fleischigen Blättern ...

»Lauter Fotzen?«, fragte Michelle.

Sie ist schon ein Besen, weiß Gott, mit ihren rübenfarbenen Borsten, und sie war mittlerweile angetrunken. Aber es steckte mehr dahinter als ihre geflissentliche Frechheit. In der Tiefe, dort, wo sie immer mit schiefen Hacken Kontakt zum Boden hält, sammelte sich eine Revolte gegen den gewesenen Großen Gellert, gegen den Traumtänzer, in den er sich verwandelt hatte. Noch balancierte er unangefochten auf dem Hochseil. Er hatte Michelles Einwurf gar nicht mitbekommen, wobei ihm sein Handy zu Hilfe kam – Rufton: vier Piano-Töne, anschwellende Wiederholung. Er führte kein Gespräch, sondern nahm nur eine Nachricht entgegen.

»Haltet mich für verrückt«, sagte er mit einem Rest jener Selbstironie, für die der Große Gellert auch berühmt gewesen war. »Mein Antiquitätenhändler hat eine Figur aus dem Zoll herausgekriegt, auf die ich seit Wochen warte, einen liegenden Buddha aus Jade … ich muss ihn wenigstens sehen und quittieren; er kann dann ruhig da im Safe bleiben. In zwanzig Minuten bin ich zurück.« Er hatte unterdessen schon einen Kamelhaarmantel angezogen, klimperte mit dem Autoschlüssel – »Fühlt euch wie zu Hause.« – und weg war er.

Mit einer runden, organischen Gebärde winkte Michelle ihm nach, griff nach dem Chablis, setzte die Flasche an den Hals, stürzte den Wein hinunter und knallte die Pulle auf die Intarsien. Sie entließ einen sanften Rülpser.

»Mit Fug und Recht kann der große Gellert von sich sagen, er habe genug getan. Wer die Erdlöcher, die Cholera-Zelte und das Schussfeld verlassen kann – die wenigsten können es – der soll es tun.«

Sie wickelte einen Ziegel Kaugummi aus, schob ihn in die Backentasche und fuhr schmatzend fort: »Aber noch nie hat man einen gesehen, dem es gelungen wäre, sein Penthouse abzukoppeln und mit ihm den Planeten zu verlassen.«

Mit einem Taschenmesserchen durchtrennte sie die Schnüre des Sonnensegels, das mit schilferndem Geraschel abstürzte und als senkrecht hängender Raumteiler zur Ruhe kam. Im dahinter entstandenen Karree schob sie alle vereinzelten Möbel familiär zusammen, auch den Intarsien-Schrank. Die Striemen auf dem Parkett, so hoffte ich, ließen sich vielleicht später wegpolieren. In der Mitte drapierte sie einen von der Garderobe gepflückten Trenchcoat als Teppich. In der Pantry fand sie eine gewiss unserem Verzehr zugedachte Tofu-Torte. Sie servierte, unter Würgelauten, den Aluminiumschirmständer auf dem Trenchcoat und die Torte auf dem Schirmständer. Zweierlei hatte sie aus dem Flugzeug mitgenommen: Plastiktütchen mit Ketchup, Senf und Essig-Melasse-Sauce; damit verzierte sie den Tofu à la Jack the Dripper. Und das Corporate-Identity-Magazin der Fluggesellschaft; daraus fetzte sie die zehn scheußlichsten Bilder und pickte sie mit Kaugummi-Abbissen an die Wände.

»Jetzt fühl ich mich wie zu Hause, jetzt können wir abhauen!«

Jedoch, wir fanden den Rückzug abgeschnitten: Neben dem Aufzug hing ein Tastenfeld mit rotem Lämpchen und verlangte eine persönliche Identifikationsnummer. Wir liefen wie Ratten an den Wänden entlang, fanden endlich neben dem begehbaren Kleiderschrank einen Notausgang – Michelle klebte den Rest ihres Kaugummis unter die Türklinke – und entkamen über die Feuertreppe.

Stefan Habermann
SÄGEBILD UND SEELENBILD

Entsprechend der *fantasievollen* Vorgehensweise der Täter sind der Verwendung von Werkzeugen bei einer kriminellen Leichenentsorgung praktisch keine Grenzen gesetzt. Schließlich soll eine Identifizierung der Opfer unter allen Umständen vermieden werden. (Idealfall Wirklichkeit)

Sägebild. Werkzeug und Wunde.
Stichworte: Leichenzersägung, kriminelle–Sägespuren–Identifizierung

Kurz-Info

Zur Diagnose und Feststellung des verletzenden Werkzeuges (hier Säge) wurden zahlreiche Experimente zur Feststellung der Sägeschnitte im Knochen durchgeführt, die eine Identifizierung der Tatsäge ermöglichen sollen. Bei den Tests wurde eine Reihe unterschiedlicher Spurformen entdeckt, die eine Bestimmung von messbaren Merkmalen der Tatsäge erlauben (Schränkung, Blattstärke, Blattlänge, Zahnung, Wellungsschema). Bei einer Säge als Tatwerkzeug besteht aber die ungewöhnliche Schwierigkeit, dass der Sägezug in Richtung der die einzelnen Merkmale (Sägezähne) verbindenden Geraden geht, wodurch die nachkommenden Zähne die Spur der vorhergehenden vernichten sollen. Dennoch konnten folgende Ergebnisse zusammengetragen werden: Die Breite des Sägespaltes hängt ab von der Schränkung des Sägeblattes; durch unterschiedliche Schränkung der Einzelzähne entstehen sich mehrfach wiederholende Doppelriefen; die Breite dieser Riefen gibt die Dicke der Zähne und damit die Blattstärke wieder; wegen der wechselseitigen Schränkung der Sägezähne kann sich auf einer Sägefläche nur jeder zweite Zahn abbilden; die Feststellung der

Schränkungsbreite erlangt man am unvollständigen Anschnitt des Knochens.

Um den Typ der *Tatsäge* zu ermitteln, wurden für die Versuche mehrere Handsägen gewählt (Holz- und Metallsägen) mit jeweils mehreren Blättern (gewellt, wechselseitig geschränkt, verschiedene Zahnabstände, Schränkungen, Blattstärken und -längen). Als Sägeobjekte erwiesen sich menschliche Oberschenkelknochen als vorteilhaft.

Aus der besonderen Charakteristik der erhaltenen Sägespuren kann man prinzipiell auch auf die *Täterpersönlichkeit* schließen. Geht zum Beispiel ein Täter geschult und anatomisch sinnvoll vor, könnte es sich um einen Metzger handeln; erfolgt die Durchsägung relativ komplikationslos, ist es wahrscheinlich, dass der Täter im Umgang mit einer Säge erfahren ist. Werden bei der Original-Zersägung auffallend viele Sägezüge festgestellt, lässt das an einen ungeübten und wenig kräftigen Täter denken.

Um aber einen möglichen Täter *tatsächlich* identifizieren zu können, sind zwei Arten besonders individuell geprägter Sägespuren für eine Untersuchung heranzuziehen.

Durch den persönlichen Gebrauch der Säge ergeben sich erstens bestimmte Zahnveränderungen (Abstumpfungen, Abbrechen und Verklemmen von Zähnen), insbesondere noppenartige Aufbeulungen und Abknickungen an den Zahnspitzen, zweitens sogenannte Y-förmige Ansatzspuren (»Probierspuren«) an der Knochenoberfläche neben einer Trennkante.

Auf den Sägeschnittflächen wurden typische individuell geprägte Doppelriefen sichtbar aufgrund von Sägezahnanomalien. Blieb das Sägeblatt beim Ansatz zum ersten Schnitt am Knochen hängen, entstand eine Y-Figur. Der Querschnitt der Spur entsprach dann der Blattstärke, der obere Abstand der Y-Schenkel der Schränkungsbreite.

Durch Vergleiche der Säge aus dem Eigentum des Tatverdächtigen, die individuelle Merkmale aufwies, mit anderen gebrauchten

Sägen und Sägeversuchen auf Knochenmaterial konnten schließlich die Tatspuren an den Skelettteilen einer Säge (der Tatsäge) mit großer Glaubhaftigkeit zugeordnet werden. (1975)

X

Entsprechend der *phantasievollen* Vorgehensweise künstlerischer Menschen sind der Verwendung literarischer Mittel bei einer inszenierten Leichenzersägung praktisch keine Grenzen gesetzt. Schließlich soll der seelische Zustand einer Figur sichtbar werden. (Idealfall Dichtung)

Seelenbild. Autor und Psyche.
Social Tags: Leichenzersägung, inszenierte – Lebensspuren – Identität

Mein vorgestelltes Leben als Täter

Das Verschwindenlassen der Leiche beim Mord. Social Media Personal Story. Es geht um Liebe. Registriere dich heute und werde ein neuer Kunde! – *Du wirst so sein wie ich!* – Dieses unvergleichliche Erlebnis wartet schon! – Kick & Hype! Für Männer, Frauen, Teenager! Übernimm eine Rolle! Du bist der Auserwählte; erlebe verdrehte Zuwendung; Spaltungsfantasien! Identifiziere dich damit oder wehre sie ab. Das künstlerische Arrangement, das ich dir bieten werde, bedeutet seelische Flucht in Staunen, Glück, aber auch Beunruhigung, Verletzung, Heftigkeit der Erregung! – Fuck! (Werbe-Info)

Leistungen: All inclusive Tatort-Shooting für 1 Person, Dauer 1 Stunde, 5 Originalabzüge (bestes Foto) im Format 30 x 40 cm, Bereitstellung aller Aufnahmen digital auf Stick zur Übertragung auf Computer und Smartphone, lizenzfreie Verwendung in allen sozialen Netzwerken für private Zwecke – Eigener Auftritt auf meiner Website! Verlinkungsmöglichkeit!

TOP SELLER Nur: 399,– €
👍 Like 27.483

Mit Demo-Video!

In einem manchmal romantisch wirkenden, aber sehr heruntergekommenen Stadtteil, immerhin unauffällig und anonym: eine Mansarde, ganz oben, unterm Dach; zwei Zimmer mit Bad, Küchennische; möbliert! – Ideal! Möchte nicht wissen, wer mal in dieser schäbigen Bude sein heimliches, verstecktes Leben geführt hat; entfernt von allem Äußeren; mit einer Einrichtung original noch aus den 70er-Jahren: orange-braun gemusterte Tapeten, Plastikstühle, der Wohnzimmerschrank Sägefurnier (ha, ha!) aus Eiche, Häkeldecken, Telefonapparat mit Brokatstoff verkleidet, Prilblumen-Aufkleber überm Herd; meine Kindheit; Verlegenheit und Scham. Interessant für mich das Schlafzimmer; geräumig genug, auch das Licht ist brauchbar. Links die Dachluke, dann ein altes französisches Bett, Nachtschränkchen mit geöffneten Schubladen. Weil in diesem Raum die Fotos gemacht werden, hab ich paar Requisiten hinzugefügt, um die »Stimmung« zu steigern: am Bett steht ein Dual-Plattenspieler, einige Schlagerplatten daneben (*Es fährt ein Zug nach Nirgendwo*); auf einem Schränkchen zwei Ansichtskarten, eine mit lauter Rosen; außerdem Sheffield-Zigaretten; Spuren einer Störung. – Mein bester Einfall: in die mit lauter Kreissegmenten gemusterte Tapete habe ich Dutzende Schlitze eingeschnitten (unauffällig, innerhalb der Kreise), die Tapete ließ sich mit dem Messer leicht manipulieren, um dahinter aus Lifestyle-Magazinen herausgetrennte Augen abgebildeter Personen einzusetzen; denke an verborgene anonyme Teilnehmer oder Beobachter (kommt gut!). Bezaubernde Nacktheit. –

Ich warte ein paar Schritte vor dem Hauseingang. Schaufensterspiegelungen in der Abenddämmerung; hübsche Doppelbilder. Hinter drapierten Kostümen, zwischen bleichen Falten und Knicken, verliebt sich ein Mund; blinzelnde Verführung. Ich blicke zu Boden; in den Ritzen der Steinplatten wächst die Staubschicht ungezählter Tage. Ich habe noch Zeit. Im Fensterglas spiele ich solange mich selbst. –
Der Kunde ist okay. Er wirkt ein bisschen schüchtern und druckst herum, als ich ihn anspreche; hat ungefähr mein Alter, meine Statur. Mir fällt auf, dass er seine Füße zueinander gedreht hat. Er sagt nicht viel, aus seinen Augen blitzt verletzte Sehnsucht. Auch für mich überraschend klopfe ich ihm zweimal auf die Schulter. Dann also die Treppen rauf; es dauert eine Weile, bis es gelingt, die verkantete Tür aufzuschließen; mit etwas Gewalt geht es. Im Schlafzimmer ist längst alles vorbereitet. Das schwere Stativ mit der Kamera steht vor dem Bett; an den Seiten zwei starke Blitzgeräte; aus einer Tasche schauen mehrere Objektive und anderes Zubehör heraus. Der Kunde betrachtet einige Zeit mein Tableau, mehrmals nickt er vor sich hin. – Die Fuchsschwänze liegen unterm Bett, sage ich. Hab ein paar zur Auswahl; dicke und dünne Blätter. Hol die mal. – Der Kunde bückt sich und zieht ein großes, weißes Stoffbündel hervor. Er schlägt es auseinander. – Such dir einen aus, sage ich, während ich die Schlafzimmerschranktür öffne. Der Kunde nimmt einige Fuchsschwänze in die Hand und probiert deren Griffigkeit, macht mit seinem Arm Bewegungen, als säge er vor seiner Brust die Luft durch. – Hier habe ich einen Silikonarm, schau. Als Probierstück; mach ein paar Übungen, dann geht das beim Shooting gleich müheloser. – Der Kunde macht, was ich ihm vorgeschlagen habe. Das Silikon lässt sich gut sägen. Körperbildstörung. – Da haben schon einige rumprobiert, sagt er und scheint das beruhigend zu finden. – Währenddessen habe ich dem Schrank eine lebensgroße, menschliche Silikonpuppe entnommen. Sie ist weiblich und unbekleidet und sieht täuschend echt aus, in Liegehaltung. – Ein Prachtexemplar, sage ich, um seiner Erstauntheit entgegenzukommen. – Die

ist ja wie wirklich so schön, sagt er in kindlicher Sprache. Ich bringe die Frau vorsichtig ins Bett und lege sie in eine für die Aktion günstige Positur; den fehlenden Arm ersetze ich durch einen neuen. Arme und Kopf lassen sich bewegen. Die Beine und den halben Oberkörper decke ich zu; das Gesicht schaut hinauf zur Decke; ein fast verstorbener Suchblick. Die Bettdecke und das Laken sollen ziemlich verwühlt aussehen. Aus einem Glas gieße ich gezielt rote Farbe in die Nähe des Oberarmes der Frau. Mein Kunde beobachtet mich, aber so, als warte er auf ein Kommando; er ist ein bisschen nervös. In der Hand hält er seinen ausgewählten Fuchsschwanz.

Ich erkläre ihm die »Durchführung«: Sobald er am Bett ist, beginne ich mit dem Fotoshooting. Circa 25 bis 30 Fotos; verschiedene Einstellungsgrößen und Perspektiven; mindestens fünf Close Ups, drei Headshots. Er kann mit dem Fuchsschwanz letztlich machen, was er will; es ist seine Rolle. Pausen und alternative Stellungen inklusive. Auch »Regieanweisungen« an mich sind möglich. Den benutzten Fuchsschwanz darf er als Erinnerung mitnehmen und behalten. –

Du bist wie ich, sage ich nickend zu meinem Kunden als Zeichen, dass er anfangen soll. Er setzt den Fuchsschwanz mechanisch an der Stelle des Oberarmes an, die ich ihm empfohlen habe.

Klaus Gottheiner
SÄGE, WALD UND UNTERGANG

Meine erste Begegnung mit Japan war traumatisch. Eine starr lächelnde Erscheinung weissagte Verhängnisvolles und zerging im nächtlichen Regen, die Frau des Usurpators wusch sich zwanghaft imaginäres Blut von ihren Händen, und am Schluss sah man in das von Entsetzen verzerrte Gesicht ihres Mannes, der von den Pfeilen der eigenen Krieger an die Wand seiner hölzernen Festung genagelt wurde.

Unvergessliche Fernseheindrücke, summa summarum, für einen Achtjährigen. Zehn Jahre und zahllose Albträume später sah ich den Film noch einmal, ebenso alle anderen der Akira-Kurosawa-Retrospektive des Kommunalen Kinos in der alten gründerzeitgotischen Textilfabrik. So fasziniert ich war vom tödlichen Ballett der Schwertkämpfe – würde ich je, fragte ich mich, zum Beispiel wenn ich mich der kleinen Kendogruppe anschlösse, die dreimal wöchentlich in unserer Sporthalle brüllte und tobte, die Eleganz und Körperbeherrschung Toshiro Mifunes und seinesgleichen erreichen? Unmöglich. Dann aber erlebte ich im Stadtmuseum die Vorführung eines dieser japanischen Meister im Schärfen, Ölen und Polieren kostbarer Klingen. Hingerissen sah ich zu, wie der Mann den Stahl auf Augenhöhe hob, ihn schräg gegen das Licht neigte und, die Lider leicht gesenkt, mit seinem Blick dem rasiermesserscharfen, etwas gekrümmten Blatt die Blutrinne entlang bis zur Spitze folgte. Die Brutalität des Kampfes war vergessen, das hier war l'art pour l'art oder vielmehr l'acier pour l'acier. Wie ein Teenager vor der Garderobentür seines Idols drang ich anschließend zu dem Experten vor. Ich wolle die Kunst der Schwertbehandlung lernen? fragte der höchstens Vierzigjährige und musterte mich traurig. Ob mir auch bewusst sei, wie die typische Karriere eines Schwertpolierers aussehe? Zehn Lehrlings-, zehn Meisterjahre, dann sei das Augenlicht vom täglichen Prüfen der haarfeinen Wellenmuster im Stahl, die den

Erhaltungszustand und die Qualität einer Klinge anzeigten, schon so getrübt, dass man im besten Fall als lebendes Museumsstück weiterarbeite, im schlechtesten als Altmetallhändler oder Parkplatzwächter.

Wenig später machte mir Lars, der samstags im Baumarkt arbeitete, den Vorschlag mit den Japansägen.

Als Kind hatte ich Laubsägearbeiten gehasst, ein Fuchsschwanz war mir nichts als das buschige Ende eines räuberischen Waldbewohners. Doch japanische Sägen, damals noch ein absoluter Geheimtipp, waren etwas anderes. Die Besonderheit der Form, die Feinheit der Bearbeitung, die Leichtigkeit der Handhabung erschienen mir den Erzeugnissen der Schwertschmiedekunst ohne weiteres gleichwertig. Ich machte mich mit Lars vom Baumarkt selbständig und belieferte bald Kunsttischler und fortgeschrittene Heimwerker im ganzen Ruhrgebiet mit meinen Importen. Alles lief gut, bis es hieß, der japanische Garten, ein Geschenk unserer Partnerstadt, nähere sich der Vollendung. Es war ein sehr heller, nur ganz leicht dunstiger Herbsttag, als ich hinfuhr, ich kannte ja die Gegend. Wo früher die alte Textilfabrik gestanden hatte, waren jetzt schon die Umrisse der Landschaftsgestaltung zu erkennen, dazu das Rahmen- und Dachgerüst eines strengen kleinen Teehauses. Im Gegenlicht sah ich fünf oder sechs Handwerker an den Balken herumturnen; ihre Beine steckten in breechesartig ausladenden schwarzen Hosen; ihre Gesichter waren nicht zu erkennen, denn etwas blendete meine Augen, und als ich sie wieder öffnete, waren die Japaner verschwunden, vermutlich in die Sushipause. Ich ging näher heran und bemerkte direkt vor meinen Füßen, blinkend in der Nachmittagssonne, eine minutiös gearbeitete Säge. Ich hob sie auf und betrachtete sie erst von der einen, dann von der anderen Seite. Ich wog das Werkzeug in der Hand und prüfte seine Schärfe mit dem Finger. Dann tat ich etwas Unverzeihliches: Ich ließ das fast spielzeugkleine Utensil in meine Jackentasche gleiten. Nur eine Woche später saß ich im Flugzeug nach Japan.

Kaum in Kyoto angekommen, traf ich mich mit unserem Lieferanten Nakamura. Der fast kahle Mann wurde blass, als ich meinen

Fund hervorzog und vor ihm auf den Cafétisch legte. Das Geschenk eines durchreisenden japanischen Freundes, log ich und verlangte nach mehr. Die Art, wie Nakamura die Luft in die Nase sog, verriet mir, dass ich richtig gelegen hatte. Einzigartig war schon die archaische Form dieser Säge, als hielte man ein Stück altchinesisches Messergeld in der Hand. Die Schränkung ihrer Zahnreihe, die Stärke des hauchdünnen Sägeblatts waren ungleich allem, was mir bisher begegnet war. Und jedes Mal, wenn ich mein Exemplar betrachtet hatte, kam es mir vor, als sähe ich an ihm ein sonderbares Schimmern wie bei den im Dunkeln leuchtenden, von einem eigenen Willen beseelten Schwertern der japanischen Legenden.

Ein Geschenk? Nakamura sah mich strafend an. Sägen wie diese, raunte er, würden seit vierzig Jahren einzig von einem alten Mann in den Bergen der Kii-Halbinsel hergestellt. Man müsse den greisen Bergschmied persönlich aufsuchen, um eines der seltenen Stücke zu besitzen, und unter denen, die diese beschwerliche, nicht ungefährliche Reise zu Fuß unternahmen, befinde der Meister nach strenger Prüfung nur einige wenige für würdig. Ich insistierte. Nakamura seufzte betrübt, bat die Kellnerin um einen Stift und skizzierte mir in groben Zügen eine Land- und Wegekarte auf seine Papierserviette.

Am nächsten Tag marschierte ich schon mitten durch dieses dichtbewaldete Vorgebirge, das spatenförmig gen Süden ins Meer stieß. Stundenlang war ich den Wegbiegungen und Serpentinen um Berghänge und stachlige Vorgipfel gefolgt, und je höher ich kam, desto dichter wurden die Schleier und Schlieren, die sich durch die Baumwipfel über mir hinzogen wie von zu früh einfallendem Abend, dabei war es erst Mittagszeit. Ich holte Nakamuras Plan aus meiner Jackentasche und musste erkennen, wie weit der Weg in Wirklichkeit noch war; er wand sich schier endlos vor und zurück durch das Gebirge, aber die Werkstatt des Sägeschmieds schien mir im Gegenteil schon überraschend nahe zu liegen, wenn auch hinter unkartiertem Serviettenmuster, in dem Nakamura keinen Weg und keinen einzigen Pfad für mich vorgesehen hatte.

Doch was war schon ein einzelner Bergrücken! Leichten Herzens schlug ich mich in den steil ansteigenden, aber einladend lockeren und offenen Nadelwald. Ja, das Kieferngehölz nahm mich freundlich auf und ließ mich tief, viel zu tief hinauf in sein braunes Inneres. Ich dachte nicht daran, dass ein Wald wie dieser tausend Jahre vor sich hingewachsen sein musste, ohne eine einzige Axt, geschweige denn eine Säge gesehen zu haben. Dann war es plötzlich nur noch braun um mich herum, denn auf einmal standen die Bäume so dicht, dass alles unterhalb der Wipfel längst abgestorben war; nur noch als braune Speere standen die unteren Äste ab von den Stämmen, als hätte der wandernde Spinnwebwald in Kurosawas Film mich tödlich eingeschlossen mit seinen Tausenden darin verborgenen Fußsoldaten.

Da war kein Platz, erst recht kein Durchkommen mehr für einen ahnungslosen Handlungsreisenden. Ich musste umkehren. Doch wie man die Stacheln eines Igels gefahrlos in die eine Richtung streichen kann und sich erst dann an ihnen verletzt, wenn man ihnen mit der Gegenrichtung kommt, so wandten sich die Äste, die mich zuvor willig hatten passieren lassen, nun scharf und feindlich und wie von vorsätzlichem Windbruch angespitzt gegen mich. Es gab kein Vor, es gab kein Zurück. Also doch vor, und erst jetzt fiel mir wieder die Säge ein, die dann auch just in diesem Moment gleichsam von selbst aus meiner Ärmelmanschette hervorwuchs, sich wie ein jagdfiebernder Geisterfuchs auf das Unterholz warf, wie aus eigenem Antrieb und ihre eigene Richtung findend einen Weg durch das Dickicht fräste und rechts und links von mir die Zweige fasernd und stäubend zu Boden krachen ließ, bis mir durch die Stämme doch noch etwas wie matte, graue Helligkeit entgegenleuchtete.

Licht am Ende des Waldes! Ich hatte kaum noch damit gerechnet. Aber nun war ich, zerrissen und zerschlissen zwar, doch ohne größere Verletzungen, dort angekommen, wo der Wald völlig unvermittelt erst einmal aufhörte: Ich stand am Rand einer breiten Schneise, die sich grasbewachsen den Berghang hinabzog. Eine Stufe im Gelände setzte ihren Boden vom höher gelegenen Waldboden ab; ich richtete mich auf und machte einen Schritt, einen kleinen Satz in die Tiefe.

Es widersprach allen Gesetzen der Wahrscheinlichkeit, dass im nächsten Moment die Erde unter mir nachgab und ich im übernächsten bis zu den Knien in etwas Weichem, Feuchten eingesunken war. Entsprechend ungläubig sah ich hinunter auf das glucksende Schwarz, das meine Beine umgab, versuchte vergeblich einen Fuß vor den anderen zu setzen, erst das eine Knie, dann das andere anzuziehen und mit den Händen etwas Festes zu ertasten, an dem ich mich hätte halten und heraufstemmen können. Wo war ich? Ein Sumpf in den Bergen, das schien mir ein Ding der Unmöglichkeit zu sein, aber unzweifelhaft war auch, dass ich nun schon nicht mehr bis zu den Knien, sondern bis zu den Hüften im Unmöglichen steckte und der eben noch feindselige Wald jetzt unerreichbar hoch über mir stand.

Dann sah ich nach oben und begriff. Oben, am obersten Grat dieses Berghangs, stand ein mächtiger dreiflügeliger Bau mit einer riesigen Uhr an der Stirnseite, die zwanzig nach drei zeigte. Das war keine Berghütte und keine Schmiede, das war ein neogotisches Kultur- oder Industriedenkmal erster Ordnung, und diese Tatsache erklärte alles: Nicht in einen Sumpf war ich geraten, sondern in die Sickergrube dieses wohlausgestatteten, sicherlich vielbesuchten Gebäudes, das seine Abwasser einfach den Berghang hinunterleitete. Ich würde lange Zeit in einem jener kochendheißen japanischen Bäder liegen müssen wie die zerschundenen Krieger bei Kurosawa, um all das, worin ich hier steckte, wieder von mir abzuwaschen. Ich blickte noch einmal hinauf zu der Fassade dort oben, ich sah die zahllosen Spitzen und Türmchen, die aus ihrer Dachkonstruktion wuchsen, und einen Moment lang – es war der letzte, an dem ich überhaupt noch etwas zu erkennen vermochte – glaubte ich mit Sicherheit zu wissen, dass es sich um meine geliebte Textilfabrik mit ihrem Programmkino handelte. Aber ehe ich weiter darüber nachdenken konnte, nahm die Macht der Schwerkraft überhand, und die zähe schwarze Flut schlug über meinem Kopf zusammen.

Martina Berscheid
RUHIG BLEIBEN

Jakob sieht Uwe schon von Weitem den schlammigen Pfad heraufstapfen. Den Kopf in den Nieselregen gereckt, die Hände in den Taschen der Lederjacke. Er hat damit gerechnet, dass sie früher oder später jemanden schicken würden. Jetzt, wo Daniel weg und er alleine ist, trauen sie sich aus der Deckung. Wollen sich bestätigen lassen, was sie längst wissen. Und ihn endlich offiziell eine schwule Sau nennen.

Ruhig bleiben. Davon hängt alles ab.

Er fährt mit seiner Arbeit fort. Wie von selbst gleitet die Dozuki durch das Holz, sie ist die beste Säge, die er je besessen hat. Gesamtlänge 530 Millimeter, Blattlänge 240, Schnitttiefe 50. Schränkung 0,45 Millimeter, Blattstärke 0,3. Daniel hat sie im Internet ausgesucht und ihre Eigenschaften auf einem gelben Post-it-Block für ihn zusammengefasst. Jakob verwahrt den Zettel seither im Nachtschränkchen. Die Säge hat er gekauft, nachdem Daniel schon fort war. Als eine Art Andenken.

Ihr Griff schmiegt sich in seine Handfläche. Oder ist es umgekehrt?

Die Tür knarrt. Ein kalter Luftzug verdünnt den Holzgeruch der Werkstatt.

»Tach Jakob.«

Uwes schwere Sohlen poltern über den Boden. Breitbeinig bleibt er stehen, wippt vor und zurück.

»So ein Sauwetter. Wenn's wenigstens Schnee wäre.«

Er wischt sich den Regen aus dem Haar. »Bei der Arbeit? Bestimmt viel zu tun so kurz vor Weihnachten.«

»Wie du siehst.«

Uwe schlendert näher und greift mit seinen feisten Fingern in die Kiste mit den Holzschindeln, die Jakob am Vormittag angefertigt hat.

»Falls du eine Bestellung aufgeben willst, dieses Jahr nehme ich keinen Auftrag mehr an«, sagt Jakob. »Ich kann dir aber für nächstes

Jahr eine Krippe vormerken. Vielleicht eine Orientalische, wie die vom Bürgermeister? Macht sich gut neben seinem Kamin.«

Uwe zuckt zusammen. Wie erwartet hat seine Selbstsicherheit bei der Erwähnung des alten Schmieders einen Sprung bekommen. Als sein treuester Lakai glaubt er, über alles Bescheid zu wissen, was der Schmieder sagt oder tut oder besitzt. Den Unterschied zwischen Laufbursche und Freund hat er nie verstanden. Der Alte lässt ihn offenbar nicht mal in sein Wohnzimmer.

Uwe räuspert sich: »Nee, lass mal. Weihnachtsgedöns ist nicht meine Sache.«

»Vielleicht gefällt's aber deiner Frau.«

Schon während er die Worte ausspricht, bevor sich Uwes Blick vergittert, weiß er, dass er einen Riesenfehler macht. Er hat es gerade geschafft, Zeit zu schinden und Uwe zu verunsichern, und jetzt gibt er mit so einer dummen Bemerkung die Zügel aus der Hand. Sogar er, der nie in der Gerüchteküche des Dorfes mitgekocht hat, weiß, dass Uwes Frau vor vier Wochen ihre Koffer gepackt und mit einem italienischen Wirt aus dem Nachbarkaff abgehauen ist.

Warum kann er nicht sein Maul halten.

Du stellst dir oft selbst ein Bein, hat Daniel gesagt.

»Die? Nee.« Uwe nimmt ein Stück Sperrholz, das neben der Kiste mit den Schindeln liegt. Er schließt die Hände um beide Enden und bricht es mittendurch.

»Die hat andere Vorlieben.« Er wirft das geborstene Holz in die Kiste. »Hat jeder so seine Neigungen. Nicht wahr?«

Jetzt geht es also langsam ans Eingemachte.

Ruhig bleiben.

Jakob zuckt die Achseln. Er spannt ein Kantholz in den Schraubstock.

Uwe schlendert zu dem Tisch unterm Fenster, auf dem eine alpenländische Krippe aufgebaut ist, die Schönste, die in dieser Werkstatt je gefertigt wurde. Daniels Arbeit.

»Fass das nicht an«, entfährt es Jakob. »Ist ein Ausstellungsstück.«
Uwe beugt sich hinunter, stützt die Ellenbogen auf die Bodenplatte. »Ist ja putzig.« Er pustet gegen die Miniaturbäume aus Haselnusszweigen. Sie zittern im Luftzug seines Atems.

Jakob nimmt die Säge, schließt die Finger fest um ihren Griff.

Uwe wendet sich von der Krippe ab, schreitet die Regalreihen entlang, inspiziert Spalt- und Schnitzmesser, Knüpfel, Feilen und Drahtbürste.

Jakob setzt die Säge an. Sie vibriert in seiner Hand, er muss sich konzentrieren, sonst versaut er den Schnitt.

»Wo ist eigentlich dein Kumpel hin? Den hat hier schon ewig niemand gesehen.«

Seit zwei Monaten, einer Woche und drei Tagen.

Jakob zwingt den Blick auf die Säge. Ruhig bleiben.

»Welcher Kumpel?«

»Na, dein … Mit-ar-bei-ter.«

Uwe schleift jede Silbe blank, bis das Wort die Schärfe besitzt, die es erhalten soll.

Wieso dieses Spiel? Dieses Einkreisen, wie ein Raubtier seine Beute. Weil er die Bemerkung über Uwes Frau gemacht hat? Oder weil Uwe sich scheut, es auszusprechen: dass Daniel und er ein Paar waren.

Mittelalter statt Mitteltal, nannte Daniel das Dorf, in dem der alte Schmieder sich wie der Chef eines Clans benimmt. Wo der sonntägliche Kirchgang Pflichtveranstaltung ist, beim Frühschoppen Aufträge vergeben und Strippen gezogen werden. Und der Hass auf Schwule zum guten Ton gehört.

Lass uns von hier weggehen. Bitte.

Es war das erste Mal, dass ihn Daniel um etwas gebeten hat.

Jakob blickt hinaus in den niedrigen grauen Himmel, an dem sich dicht bewaldete Hügel stoßen. Dazwischen drängen sich die Häuser des Dorfes aneinander. Einzelne Lichter leuchten in der beginnenden Dunkelheit wie ein Sternbild.

Jakob übt sein Handwerk in der dritten Generation aus, anders als sein Vater und Großvater hat er sogar eine offizielle Ausbildung zum Krippenbaumeister. Er schreinert auch Schränke oder Regale, aber seine Existenz wurzelt im Verkauf der Krippen. Er hat in der Region einen Namen, und die Mund-zu-Mund-Werbung funktioniert. Die Kunden kommen aus dem ganzen Bundesland, manche von weiter her, meist Verwandte oder Bekannte der Dörfler.

Was soll ein Krippenbauer in der Großstadt, hat er Daniel gefragt.

Vielleicht wenig, hat Daniel erwidert. Aber ich will mich nicht länger verstecken müssen.

Das ist meine Heimat. Jakobs Stimme war spröde wie trockenes Holz.

Daniel hat geschnaubt. Wenn jemand was spitzkriegt, hat keiner von uns beiden eine Zukunft hier.

Die Erinnerung an ihren Streit pocht wie eine entzündete Wunde.

»Hey! Noch anwesend?« Uwe lacht. In seinen Augen blitzt Siegesgewissheit.

Jakob spürt den Schweiß aus den Poren seiner Achselhöhlen drängen. Ruhig bleiben.

Er blickt Uwe direkt in die Augen.

»Mein Mitarbeiter«, wiederholt er. »Du meinst Daniel.«

»Daniel! Klar wart ihr beim Vornamen.« Uwe hustet ein dreckiges Lachen aus.

»Wie wir beide auch, Uwe.« Jakob geht ein paar Schritte auf ihn zu. Er kann Uwes Aftershave riechen. »Hier duzen sich doch alle.«

Uwe schnaubt. »Ja, aber hat doch jeder gemerkt, dass ihr euch nah gestanden habt. Sehr, sehr nah.«

Jakob hält seinen Blick. »Tatsächlich? So wie du und der Schmieder?«

Uwes Augen flammen auf wie ein Streichholz.

»Spiel nicht den Deppen. Du weißt, was ich meine.«

»Sag du's mir, Uwe.«

Ihre Körper sind nur eine Handbreit voneinander entfernt. Uwe verzieht den Mund vor Abscheu. »Gib's doch endlich zu. Wie ihr umeinander rumgeschlichen seid. Ekelhaft war das.«

Sie waren zu unvorsichtig. Ein flüchtiger Blick, eine scheinbar zufällige Berührung. Irgendwer sieht immer was.

Und jetzt ist er vogelfrei.

Jakobs Herz hämmert. Er muss ruhig bleiben. Einfach. Ruhig. Bleiben.

»Wenn ich sonst nichts für dich tun kann, würde ich jetzt gerne weiterarbeiten.« Er dreht sich um.

Hart packt Uwe ihn am Arm. »Ich will eine Antwort. Wo ist er so plötzlich hin, dein Mit-ar-bei-ter? Hat er sich einen neuen Meister gesucht?«

Uwes Worte reißen die Schicht seiner Selbstbeherrschung auf. Darunter liegt das rohe Fleisch der Wut.

Gibt es jemand anderen, hat er Daniel nachgerufen, weil er es geahnt hat, weil Daniel immer öfter die Wochenenden wegfuhr und danach ein Leuchten von ihm ausging, das Jakob nicht kannte.

Daniel hat nicht geantwortet, hat seinen Rucksack genommen. Wie heißt er?, hat Jakob gebrüllt.

Daniel hat die Tür hinter sich zugeschlagen.

Jakob fährt herum. Er sieht, wie seine Hand vorschnellt und Uwes Kragen packt, wie seine Hand ihn zu sich heranzieht, so nah, dass er die Bartstoppeln auf seinem schlecht rasierten Kinn zählen könnte.

»Daniel brauchte keinen Meister. Er konnte mit der Säge umgehen wie kein anderer. Willst du es vielleicht auch mal probieren?« Er hebt die Dozuki.

»Aber Vorsicht. Eine falsche Bewegung, und ratsch ...«

Angst weitet Uwes Augen. »Verdammt, Jakob ...«

Die Säge ist nur Zentimeter von Uwes Hals entfernt.

Jakob betrachtet die gegeneinander verschränkten Zähne der Dozuki. Das Bild verschwimmt, klart auf, und er sieht Daniels raue

Hände. Wie sie über seinen Körper streichen, sich verhaken in seiner Haut.

Er glaubte, mit Daniel die bestmögliche Schränkung zu besitzen, die zwischen zwei Menschen möglich war, sich gemeinsam mit ihm frei schneiden zu können von Zwängen und Ängsten.

Wer von ihnen hat den Schnitt versaut, Daniel oder er?

Seine Hand zittert, die Säge entgleitet ihm und fällt auf die Werkbank.

Uwe stößt ihn weg. Ein Rinnsal aus Schweiß bahnt sich den Weg über seine furchige Stirn.

»Alle wissen Bescheid.« Seine Stimme bebt. »Alle.«

»Das mit deiner Frau auch«, entgegnet Jakob leise. »Ist dir das eigentlich klar? Das ganze Dorf lacht hinter deinem Rücken.«

»Du lügst!« Uwe ballt die Hände zu Fäusten und Jakob rechnet damit, dass er sich auf ihn stürzt.

Soll er doch. Soll er ihn schlagen und treten.

»Irgendwie sitzen wir im gleichen Boot.«

»Halt dein Schwulenmaul.« Uwe hebt die rechte Faust.

Na los, denkt Jakob. Mach schon.

Uwes Unterlippe zittert. Er lässt die Faust sinken, stolpert rückwärts aus der Tür und knallt sie zu.

Jakob lehnt sich an die Werkbank. Schließt die Augen. Seine Hand tastet nach dem Griff der Dozuki und hält sich daran fest.

Gerhard Dick
SAVIGNY

Dass mich Kohlhofers kurzfristige Krankmeldung mit Dankbarkeit erfüllte, verspürte ich erst, als ich das Hotelzimmer betrat. Ich hatte auf Geschäftsreisen schon oft in eleganten Häusern übernachtet. Aber nie war ich von solchem Luxus umgeben gewesen wie hier. Fein gewirkte, tiefgründig farbige Teppiche. Antikes Mobiliar mit schweren Beschlägen und eine kunstvoll gewölbte Stuckdecke mit Kronleuchtern aus Kristallglas und Porzellan. Ich fühlte mich wie in einen Hollywood-Film versetzt, als mein Blick durch einen Palmenhain hindurch über den azur-blauen Pool schweifte und weit in die Wüste hinaus, die sich wie leuchtendes Gold über den ganzen Horizont erstreckte. Allein die krächzenden Papageien und der munter plaudernde Hoteldiener namens Zwingli hielten mich davon ab, mehr als einen Augenblick lang zu glauben, dass dies ein Traum war und ich keine wichtige Mission zu erfüllen hatte.

»Halsbandsittiche«, meinte Zwingli, als die grün gefiederten Vögel sich auf dem Balkongeländer niederließen und uns mit gereckten Hälsen beobachteten. Wie Schnittstellen sahen die vom Schnabel bis zum Nacken reichenden roten Streifen aus, die Kopf und Körper voneinander trennten. Auch Kohlhofer habe sich hier wohlgefühlt, meinte der Hoteldiener, wies auf die vergoldete Wanduhr und riet zur Eile, da der Sekretär des Prinzen mich erwarte.

Was ich von den Insurgenten halte, wollte der junge Mann wissen, der sich als Hadi vorgestellt hatte und mich zu einer Limousine mit abgedunkelten Scheiben geleitete. Ich wusste, dass auf Fragen wie diese mit Vorsicht zu reagieren war. Kohlhofer hatte die langwierigen Empfehlungen des Auswärtigen Amtes durchgestrichen und in Großbuchstaben die einzig relevanten Wörter darüber geschrieben. Unsere

Wertegemeinschaft, so stellte ich zur Zufriedenheit des Sekretärs fest, sei gerade dabei, sich zu bewähren.

In Situationen wie dieser müssten wir zusammenstehen, ergänzte Hadi. Die Sonne blendete mich, als wir vor einem hohen Glasgebäude mit schwarzen Jalousien ausstiegen. Das Gesundheitsministerium, vermutete ich, nachdem ich weder Krankenwagen noch sonstige Anzeichen einer medizinischen Einrichtung registriert hatte.

Die drei Herren, die mir als Applikanten vorgestellt wurden, sahen mich neugierig an. Einer fragte mich respektvoll, ob ich Kohlhofer sei.

Der Musterkoffer war mir selbst noch ungewohnt. Deutlich größer und schwerer als mein eigener, hatte er mehrere Fächer, in denen die gewünschten Artikel in Seide eingewickelt in Lederfutteralen steckten.

Ich erklärte die besondere Qualität, der sich unsere Firma verpflichtet fühle, und dass unsere Kunden in den besten Kliniken tätig seien. Dass ich die Charité nannte, führte zu Missverständnissen. Hadi hatte genickt und sich dann an die drei Applikanten gewandt. Ich verstand nicht, was er ihnen sagte. Da ich aber mehrmals den Namen unseres Konkurrenzunternehmens herauszuhören glaubte, musste ich ihn doch unterbrechen. Die Charité ist in Berlin, sagte ich, und nicht in Frankreich. Und Robbespin, nicht Robespierre, verbesserte ich, wegen der falschen Aussprache nachsichtig lächelnd. Unserem Konkurrenzunternehmen Robbespin sei es nicht gelungen, in unseren Kliniken Fuß zu fassen. Die Franzosen hätten zwar mit ihrem Abfangjäger gepunktet. Bei der Ausstattung medizinischer Versorgungseinrichtungen seien wir aber die Weltspitze.

»Robbespin, nicht Robbespierre also?«, sagte der Sekretär, lächelte auf eine rätselhafte Weise und vertraute mir an, dass sein Onkel, der

Verteidigungsminister, voll des Lobes sei, wenn es um die Abfangjäger gehe.

Die drei Männer blickten zu mir und drückten ihre Bewunderung aus, indem sie den Daumen nach oben hielten und abwechselnd *Germany* und *Kohlhofer* sagten.

Nachdem ich die neuesten Hohlmeißelklingen an einem Stück Schaffleisch demonstriert hatte, das ich mir aus der Küche hatte kommen lassen, nahm ich das Büffelleder aus dem Koffer. Ich bat die Applikanten, es in gespanntem Zustand in die Höhe zu halten, nahm ein Skalpell und zerteilte das armlange Stück mit betonter Lässigkeit, so dass es aussah, als würde ich lediglich einen Bleistiftstrich vollführen. In gleicher Weise erläuterte ich an einem Stück Halsgrat die Wirkung des Sichelmessers, das von Savigny in die Medizin eingeführt, von uns aber so perfektioniert wurde, dass selbst die größten Exemplare mit nur einer Hand bedient werden konnten. Als Höhepunkt meiner Präsentation führte ich die Knochensägen vor. Selbst bei aussichtslos erscheinenden Splitterungen, so erklärte ich den staunenden Applikanten, ermögliche die mittels Lasertechnik und Drahterosionsverfahren erreichte Schränkung Feinschnitte von nicht zu übertreffender Präzision.

Während die Applikanten noch unseren Katalog durchblätterten und die dort in ihrer Sprache beschriebenen Qualitätsmerkmale diskutierten, erklärte mir Hadi, dass man früher mehr auf Gewicht und Schlagkraft der Klingen gesetzt habe und sich die extrem geringe Blattstärke, die unsere Produkte auszeichne, gar nicht hätte vorstellen können. Zum Beweis zog er einen gekrümmten Dolch aus seinem Gürtel und legte ihn mir mit einer Verbeugung in die Hand. Er wog schwer wie ein Hammer, erschien mir aber eher als Museumsstück denn als tödliche Waffe. Ein Kunstwerk, sagte ich. Der Knauf war vergoldet und enthielt funkelnde blaue Steine. Bei keinem unserer Instrumente wäre es aber möglich, Spitze und Schneide zu berühren, ohne sich die gefährlichsten Verletzungen zuzuziehen, stellte ich nicht ohne Stolz fest.

Als ich den Koffer wieder in Ordnung brachte, kam Zwingli in mein Zimmer und fragte neugierig, wie die Verständigung geklappt habe. Der Sekretär sei noch jung und unerfahren. Ich berichtete von unseren Gesprächen und äußerte die Gewissheit, dass man unsere Produktreihe auf Dauer verwenden werde. Ich räumte der Konkurrenz wenig Chancen ein, zumal Hadi sich nicht einmal an deren Namen habe erinnern können. Als ich wiederholte, wie ich dem Sekretär auf die Sprünge habe helfen müssen, erstarrte Zwingli.

»Sie haben ihn verbessert?«, fragte er.

»Auf eine äußerst behutsame Weise!«, beruhigte ich ihn. »Unter Hinweis auf meine eigenen, höchst erbärmlichen Fremdsprachenkenntnisse!«

»Er ist ein Verwandter der Königsfamilie!«, sagte Zwingli immer noch aufgeregt und mit hochrotem Gesicht. »Sein Vater ist der Justizminister!«

Während des Essens, das wir zusammen mit den anderen Gästen im Festsaal des Hotels einnahmen, zeigte sich Hadi von ausgesuchter Höflichkeit. Unser Gespräch nahm einen geradezu freundschaftlichen Charakter an, als er mich nach meiner liebsten Pferderasse fragte und sich wunderte, dass Männer wie Kohlhofer und ich kein einziges Pferd unser eigen nannten. Ein Leben ohne Pferde und Falken könne er selbst sich nicht vorstellen, meinte er träumerisch. Die langen Ausritte am Morgen und am Abend versöhnten ihn mit allen Widrigkeiten der Welt und führten dazu, dass er deren Schönheit umso intensiver zu genießen verstehe.

Nachdem ich auch bei den Falken passen musste, blickte er mich beinahe mitleidig an. Schließlich fragte er nach meiner Familie, wegen der ich wohl auf all diese Freuden verzichten müsse. Ich blieb auf der Hut, dachte an Kohlhofers Notiz und passte mein Privatleben den Erfordernissen der Gesprächssituation an, indem ich meine augenblickliche Lebensgefährtin zu meiner Ehefrau machte und die Fahrschule, die sie von ihrem Vater übernommen hatte, unerwähnt ließ. Ich überlegte, ob ich uns wenigstens einen Sohn erfinden sollte, entschied mich dann aber doch, bei der Wahrheit zu bleiben. Nicht ohne Stolz beschrieb ich stattdessen meinen Aufgabenbereich in unserem neuen Firmensitz mit den vielen Angestellten und Unterabteilungen.

»Sehr traurig!«, sagte Hadi. Auch in seiner Heimat sei es schon vorgekommen, dass Männer mit nur einer Ehefrau keine Nachkommen hätten. Ansonsten sei er aber froh, dass unsere Beziehungen durch die nächsten Lieferungen auf eine noch breitere Basis gestellt sein würden.

Wir waren in den Palmengarten hinausgegangen. In der Ferne waren Flugzeuge zu hören, durch die ein grüner Papagei, der wie festgeklebt an einem Baumstamm knabberte, sich nicht stören ließ. Hadi sagte, dass die Insurgenten wegen der neuen Abfangjäger bald nichts mehr zu lachen hätten, und zog seinen Dolch aus dem Gürtel. Durch die Sonnenbrille schien der Knauf jetzt mit roten und schwarzen Steinen besetzt. Er hielt ihn locker in der Hand, bewegte ihn wie eine Sichel hin und her, bevor er ihn mit geballter Kraft in Richtung Swimming-Pool schleuderte. Wir konnten nur einen Teil der Wasseroberfläche sehen, auf der die dunkelhaarigen Köpfe zweier Schwimmer sich wie von den Körpern gelöst und von gegensätzlichen Strömungen erfasst aufeinander zubewegten.

Ich war nicht wegen der bogenförmigen Flugbahn überrascht, die durch die Schrägung der Schneide bewirkt nach dem Prinzip des

Bumerangs erfolgte. Was mich erstarren ließ, war die unglaubliche Wucht des Schlages, mit dem der Dolch die Baumkrone erzittern ließ, als er punktgenau an der Stelle im Stamm stecken blieb, von der aus Sekundenbruchteile zuvor der grüne Papagei aufgeflogen und im dichten Blattwerk verschwunden war.

»Die Vögel ahnen den Falken, bevor sie ihn bemerken!«, erklärte Hadi.

Zwingli brachte eine Leiter und hatte große Mühe, den Dolch aus dem Holz zu ziehen, den Hadi mir anschließend überreichte. Ich gestand ein, dass bei allem technischen Vorsprung unsere Firma nicht in der Lage sei, Produktqualität und Nutzerprofil auf solch raffinierte Weise aufeinander abzustimmen. Der Damaszener, der die Waffe angefertigt hatte, habe tagelang seine Handbewegungen studiert, bestätigte Hadi. Sowohl an der Klinge als auch am Griff hieß er mich die maßgefertigten Vertiefungen erspüren, auf denen sein Daumen und sein Zeigefinger zu liegen hätten.

»Wir haben dieselben Werte«, sagte der Kronprinz, dem ich zusammen mit den anderen Gästen vorgestellt wurde. Auch er bediente sich der von Kohlhofer notierten Worte. Die Ordnung sei uns wichtig wie die Freiheit. Und wer die Ordnung bedrohe, müsse unser aller Feind sein.

Um allen gegenüber in gleicher Weise höflich zu sein, verwies der Kronprinz auf unsere Wertegemeinschaft, indem er bedeutende Persönlichkeiten aus unseren jeweiligen Herkunftsländern aufzählte und bei jeder Namensnennung der betreffenden Gruppe einen anerkennenden Blick zuwarf. War von einem Deutschen die Rede, so erntete ich ein freundliches Lächeln, das ich, dem Beispiel der anderen folgend, mit einem Kopfnicken quittierte. Einige Male kam der alte Herr durcheinander, ohne dies aber selbst zu bemerken. Ich unterdrückte ein Schmunzeln, als er mit Blick auf die Amerikaner den Erfindergeist eines Willy Messerschmitts rühmte und zu den Franzosen gewandt die Bilderwelt von Walt Disney pries. Der Worte Zwinglis eingedenk ließ ich mir auch nichts anmerken, als er mich fixierte und ein wenig salbungsvoll an die Bedeutung Robespierres erinnerte.

Ob in meiner Heimat der Abschluss eines Vertrages tatsächlich mit Alkohol gefeiert werde, wollte Hadi zum Abschied wissen. Auch bei dieser Frage blieb ich auf der Hut und dachte an Kohlhofers Notiz. In manch unseriösem Unternehmen sei dies tatsächlich der Fall, gestand ich ein. Kohlhofer und ich hielten jedoch an Traditionen fest, in denen dies missbilligt werde. Sowohl bei geschäftlichen als auch privaten Festlichkeiten würden wir immer nur Tee oder Wasser reichen.

»Reines Wasser, reine Lehre, reine Seele!«, sagte Hadi, während wir uns fest und lange umarmten. Auch unter Geschäftsmännern müsse dies eine Rolle spielen. Kohlhofer habe gut daran getan, mich zu seinem Vertreter zu bestimmen.

Gabriele Hammer
Tschüssikowski

Ich bin in München aufgewachsen. Vater, Mutter, Bruder, Haus. Wir machten auf normal. Dass Vater nicht mehr bei uns wohnte, das wussten die meisten gar nicht. Zu sogenannten Anlässen traten Mutter und Vater gemeinsam auf. Verheiratet waren sie noch.

Bei meiner Abiturfeier haben sie getanzt. Abiturschnitt 1,9. Trotzdem nix mit durchstarten, dafür hätte ich 1,3 gebraucht, zumindest an der LMU. Voll beschränkt! Also ab ins Ausland, mit all den anderen, die nicht gleich losstudieren können wegen dem NC oder weil sie keinen Plan haben. Australien, Neuseeland … jobben, warum nicht? Erst mal nach Sydney. Überall Abiturienten im ABier- oder AbiPur-Shirt, Achtbettzimmer, nächtelang kein Schlaf. Probearbeiten in der Landwirtschaft – okay, das wird nix mit der Countryside. Also wieder Stadt. Housekeeping istgleich putzen oder Gastro istgleich Küchenhilfe, also auch putzen. Alles teuer. Die besten Jobs bei den Ketten, Starbucks, McDonald's, Burger King. Mindestlohn, WLAN. Die Rules bei Burger King besagen, dass Hygienevorschriften eingehalten werden müssen, strictly, Haarnetz und welcher Lappen wofür und beim Hantieren mit Lebensmitteln dauernd Händewaschen, nach jedem Arbeitsgang Hand einseifen, waschen, waschen, waschen, so lange, bis man im Geist eine Strophe von Happy Birthday abgesungen hat. Dann sind alle Keime weg. Haben die getestet, echt jetzt. Ich kann nicht im Geist singen, deshalb habe ich vor mich hin gesummt, Happy Birthday To You, Happy Birthday To You, Happy Birthday Konstantine, Happy Birthday To You. Sonderlich glamourös war das nicht, aber eben Ausland, Abenteuer und on top ein Plus im Lebenslauf. Das Beste: Bei dem Gesinge hab ich den Striezel kennen gelernt, meinen ersten richtigen Freund.

Er kommt rein, also Kunde. Nick boniert einen Cheeseburger, ich summe am Waschbecken und er meint: How nice you're singing for me, und dass er Geburtstag hat, heute, echt, und keiner weiß das außer mir. Ob wir mit ihm was trinken würden, later. Nick fragt Where are you from und er sagt East Germany. Ich: Gibt's nicht mehr, du kannst ruhig Germany sagen, da komm ich auch her. What's your name?

Johannes. Meine Freunde sagen Striezel, ein nickname. Darfst du auch, ist okay. Konstantine, kein nickname, echte Münchnerin, natural born.

Am Abend waren wir in einer Bar und danach spazieren. Wir haben uns geküsst und am nächsten Tag ist er in meinem Hostel eingezogen, in der mixed zone. Es hat mich erwischt, voll. Kommt rein in den Burger King und steht mitten drin in meinem Leben.

Im Oktober, als die Nachricht kam von Vaters Tod, waren wir in Neuseeland. Südinsel, Weinbau. Alles wie im Film. Samstag, zehn Uhr. Wir stehen in Nelson in einem Musikladen. Striezel will ein Mundstück kaufen für sein Tenorsax. Wir wissen nicht, was Blattstärke auf Englisch heißt. Mein Handy brummt. Mutter! Sie sagt, dass etwas Trauriges passiert ist. Vater ist gestorben, ganz plötzlich. Nein, sie war nicht dabei, vor seiner Wohnung, er ist zusammengebrochen, war gleich tot, alles Weitere zu Hause. Dann geht es um den Rückflug, was sie organisiert hat, wo ich hin muss. Ein paar Minuten später sehe ich die SMS von meinem kleinen Bruder: Voll krass, Vater wurde ERSCHOSSEN, von einer Irren. Halt: Maxi schreibt von einer Iren. Zuerst denke ich, von einem Iren, dann Irene oder was? Hä?

Boah. Erschossen. Tot. Das letzte Bild – Vater und Maxi am Flughafen. Hinaus in die Welt, das wollte ich auch immer … Maxi verdreht die Augen, will heißen, gleich fängt er von dem kleinen grauen Land an, stopp es, bitte! – da kommt ein Sicherheitshinweis und eine Gate-Änderung und wir sind beschäftigt. Viel Freude, das war wohl das Letzte, was Vater zu mir gesagt hat. Küsschen, Tschüssikowski – und nicht mehr umdrehen.

Ob Vaters Tod was mit früher zu tun hat? Was heißt eine Irre? Die waren doch irgendwie alle ein bisschen irre da drüben mit ihrem ganzen Herumspionieren. Striezels Vater zum Beispiel: SED-Mitglied und bei der Stasi, das volle Programm. Wladimir Putin hat im selben Wohnblock gewohnt, als KGB-Agent in Dresden. Als Putin ein paar Mal seinen Schlüssel verloren hat, musste das vertuscht werden, klar. Was wurde bei uns vertuscht? Hatten wir jetzt überhaupt noch Geld? Versicherung? Ich meine, er ist erschossen worden, da muss doch jemand dafür zahlen, oder? Ballaballa in meinem Kopf, aber das Schlimmste ist, dass ich nicht weiß, wann ich Striezel wieder sehe und ob wir dann noch zusammen sind. Vor dem in München habe ich Angst, fast Panik. Vater ist nicht in der Kirche. Ist das dann überhaupt eine richtige Beerdigung? Mutter sagte Trauerfeier. Wahrscheinlich wird Vaters Körper verbrannt. Ich weiß nicht, wo sie hin geschossen hat, die Irre. In den Kopf? Ich stelle mir vor, wie es ist, wenn ich jetzt sterbe. Wenn wir abstürzen. Wie lange dauert es, bis das Bewusstsein weg ist? Tut es weh? Wie geht das dann weiter? Über Indien schlafe ich ein.

Nächstes Bild: Onkel Kurt mit Maxi in der Ankunftshalle. Maxi hält einen Luftballon mit der Aufschrift *Herzlich Willkommen*. Herzlich Willkommen zu meiner Beerdigung, das wäre Vaters Witz gewesen bei so einer Gelegenheit. Ich muss sofort losheulen. Onkel Kurt schaut bedröppelt auf uns zwei Halbwaisen, schwere Last zieht seinen Kopf nach unten, wie ein Wackeldackel nickt er zu allem, was wir sagen. Wer einen toten Vater hat, hat Recht. Betrübt wünscht er mir Beileid und vergisst nicht zu erwähnen, dass unser Halbbruder auch heute in München angekommen ist.

Deine Familie nebst allen Verwandten, Partnern und Kollegen heißt es in der Traueranzeige. Deine Familie, das sind dann Mutter, Maxi und ich und eben Paul, unser Halbbruder aus Leipzig. Vor der Trauerhalle wird Paul von unseren Münchner Verwandten so selbstverständlich begrüßt, als würden sie ihn schon lange kennen, dabei wette ich, dass die meisten bis vor ein paar Tagen noch nicht einmal von seiner Existenz wussten. Nur Tante Trudi sagt: Freut mich, siehst aus wie dein Vater. Paul sagt nicht Vater, er sagt Achim. Spielt in einer anderen Liga.

Wir gehen rein, Paul einen halben Schritt hinter Mutter, Maxi und mir. Vor dem geschlossenen Sarg bleiben wir stehen. Ein vergrößertes, gerahmtes Bild zeigt Vater mit wachen blauen Augen und ernstem Gesichtsausdruck. Mutter richtet die Schleife an einem Gebinde mit weißen Lilien. »In tiefer Trauer, Sabine.« An einem anderen Band steht »Letzter Gruß von deinen Kindern.« Das soll von uns sein. Rosen in drei Farben, rot, rosa, orange. Es ist das schönste Gebinde. Vater wurde nicht am Kopf getroffen, sondern im Herz. Herzschuss. Mehrere Schüsse. Noch weiß keiner, warum. Die Irre sitzt in U-Haft.

Paul setzt sich mit uns in die erste Stuhlreihe. Die Mamaoma geht allein nach vorne und bekreuzigt sich. Mutter trägt ein schwarzes Kostüm. Das Haar hat sie hochgesteckt. Sie weint, als der Trauerredner Vaters Lebenslauf vorträgt und von seiner Kindheit und Jugend in Leipzig spricht. Von der Flucht. Von dem Loch im Zaun in Ungarn. Eigentlich weinen alle an dieser Stelle. Das Ganze eingerahmt von klassischer Musik. Ich stelle mir vor, wie es Vater hineinzieht in ein Loch, in dieses Loch, peng, aus, Ende. Dann verhaspelt sich der Redner, Familie in München, zwei Kinder. Paul wird unterschlagen. Die Kanzlei, die neue Existenz, Auszeichnungen, die er erhalten hat. Frau Schmitz, seine Sekretärin, ist am meisten aufgetakelt und weint am meisten. Die Kollegen schauen versteinert. Später wird einer von ihnen noch etwas sagen, mit Achim, du wirst uns fehlen, enden und mit dem Versprechen, die Kanzlei in seinem Sinne und so weiter. Als der Redner von Vaters Hobbys spricht, macht er noch einmal eine Wende zurück in die DDR, zu Wettkämpfen für die Schwimmer-Auswahl, FDJ, NVA. Vereinigungen mit drei Buchstaben, von denen es in der DDR Trillionen gegeben haben muss. Diese ganze DDR erscheint heute oft wie eine Ansammlung von Zwangsvereinigungen mit drei

Buchstaben, sagte Vater einmal zu mir, aber so war das nicht. Nicht für alle. Für manche war das so.

Am Ende der Trauerfeier kommt noch etwas Unerwartetes, ein Lied aus Vaters Jugend, von den Puhdys. Auf Wunsch seines ältesten Sohnes aus Leipzig.

»Wenn ein Mensch kurze Zeit lebt, sagt die Welt, dass er zu früh geht, wenn ein Mensch lange Zeit lebt, sagt die Welt es ist Zeit …«

Unsere Verwandten schauen etwas ratlos. Paul steht ganz gerade da, ganz aufrecht, wie bei einer Militärparade. Mutter weint leise und steht auch auf. Dann stehen alle auf.

»Jegliches hat seine Zeit, Bäume pflanzen, Bäume abhauen, Steine sammeln, Steine zerstreuen, leben und sterben und Frieden und Streit. Tam, tam, tam, tam …«

Ein Kollege aus der Kanzlei klopft mit den Fingerkuppen zwanghaft im Takt auf seinen Oberschenkel, so, als könne er das Lied damit beschleunigen.

Beim Leichenschmaus wird Mutter gefragt wegen dem Lied. Folgende Info: Es ist aus dem Kultfilm *Die Legende von Paul und Paula*, und der gehört, soviel man weiß, nicht nur zu Vaters Lieblingsfilmen, sondern auch zu den Lieblingsfilmen der Bundeskanzlerin.

Onkel Kurt kopfschüttelnd: Na, das dürfte die einzige Gemeinsamkeit zwischen Achim und der Bundeskanzlerin gewesen sein.

Keineswegs, entgegnet Paul ganz laut und in der gleichen Tonart, in der Vater sich früher bei solchen Gelegenheiten zu Wort gemeldet hat. Achim und die jetzige Kanzlerin haben beide in Leipzig studiert, an der Karl-Marx-Universität. Mit einer FDJ-Studentengruppe haben sie die Moritzbastei freigelegt, also ausgegraben, einen Studentenclub, den es heute noch gibt. Und natürlich hat Achim die Bundeskanzlerin gewählt. Nicht ganz einfach, in Bayern.

Einen Augenblick herrscht Stille. In Erwartung weiterer erstaunlicher Nachrichten lobt die Mamaoma dann zuerst ausführlich den Apfelkuchen – und anschließend Achim als fleißigen, fürsorglichen

Schwiegersohn, der sich, obwohl er aus dem Osten kommt, in München Beachtliches aufgebaut hat. Paul lächelt gequält. Dann fragt ihm Maxi ein Loch in den Bauch über die Bundeskanzlerin.

Update: Auf Youtube gibt's Ostrock Classics. Die Welt sagt, es ist Zeit. Für eine Reise, vielleicht. Muss ja nicht gleich die letzte sein.

Erst mal Tschüss.

Birgit Hofmann
Ryoba Ride

Den Eltern sind jetzt die Hände gebunden. Sie werden, wenn das Auto anfährt, von hinten gegen unsere Sitze geschleudert. Mama mussten wir knebeln, da sie zu viel quengelte, aber Papa schweigt schon seit Stunden und starrt aus dem Fenster auf den roten Sand, der an uns vorüberzieht. »Wie im Urlaub!« rufe ich, um die Stimmung zu heben, bekomme aber keine Antwort. Wir fahren an grünen Büschen vorbei, die schon nach Wüste aussehen, und die Sonne brennt heiß auf das Dach unseres Jeeps. Hinten leuchtet die Ryoba, eine Ryoba Lifesaw, sie rutscht hin und her auf der Rückbank, und ich ermahne meine Schwester, sich endlich über Blattstärke und Schränkung zu informieren, aber sie lacht nur. Japanische Sägen sind die präzisesten, sagte man mir, mit unglaublicher Leichtigkeit verrichten sie ihre Arbeit.

Los, amüsieren wir uns ein bisschen, hatte meine Schwester gesagt, und die Eltern, unsere Ryoba verborgen unter einem langen Ärmel, in die Bar gestupst. An der Theke bestellte ich Drinks, während meine Schwester die Eltern in Schach hielt. Mein Vater trank seinen Whisky und sinnierte ein wenig über das Leben, was meine Schwester sich geduldig und ohne Murren anhörte, die von jeher besser mit ihm klargekommen ist, und die Jungs machten uns schöne Augen. Ich lenke den Wagen den Highway hinunter, mitten in die große goldene Sonne hinein.

Wir kommen über die staubige Landstraße und halten an einem See. Hier blüht alles satt grün, nur die Luft verrät die Trockenheit der Gegend. Wir sind mit den Eltern oft picknicken gewesen. Wir haben gelernt, die dicken Ameisen von den dünnen zu unterscheiden. Wir haben gelernt, dass man die Ameisen in Bier ertränken kann. Kommt doch heraus, ruft meine Schwester den Eltern zu. Wir lockern die

Knebel, aber die Eltern sind eingenickt. Die Lider des Vaters sind geschlossen, die Lider der Mutter ebenso. Wir breiten unser Essen aus auf der Decke. Köstlich, sage ich, wunderbar, herrlich, sagt die Schwester, denn dies sind die Vokabeln, die unsere Eltern uns gelehrt haben. Unsere Eltern hatten nur einen begrenzten Schatz von Vokabeln, der deswegen also weniger ein Schatz als ein Vorrat war, ein kleiner Nahrungsspeicher, und es kamen ganz lange darin nur schöne Wörter vor, lobende Wörter, Wörter der Superlative, die weniger für uns gedacht waren als für Essen, Trinken, Opernbesuche. Wir sollten diese Pracht mit ihnen teilen, sagt meine Schwester, die so gut gelaunt ist, dass ich sie kaum wieder erkenne – erinnere ich mich doch an ihr früher oft so kleines, verzogenes, trauriges Gesicht, das immer unter Anspannung stand, fast wie das Blatt einer Säge, die in meiner Hand aussieht, als würde sie leicht zittern oder mir den Weg weisen, denn die Schwester musste stets alles erreichen, was meine Eltern sich vorstellten, die doch immer diese Angst hatten, vor den Nachbarn, vor dem Regen, vor schlechten Zensuren. Und ohne eine Spannung im Körper kann man nicht gut weit springen im Sport oder Geige spielen.

Wir zerren die Eltern aus dem Auto, sie sind schwer, wie Leichen hängen sie uns im Arm, wir bräuchten einen Kran oder eine Sackkarre, ich beginne zu schwitzen, wie ich früher schwitzte, wenn meine Mutter sagte, sie wisse nicht, ob du das schaffen kannst, schaff du erst mal das, aber jetzt bleibe ich ganz ruhig und drehe die Musik im Autoradio laut.

Die Eltern sind schwer, wir führen ihnen die Arme, wir lassen sie tanzen wie Puppen, und meine Schwester spielt eine Melodie auf der Säge. Da es eine Universalsäge ist, ist es eine Universalmelodie, die auch die Eltern mit ihrem begrenzten Wortschatz verstehen müssen. Da erwacht die Mutter. Sie reißt den Knebel heraus. Sie steht vor uns mit langem, loderndem Haar. Sofort lasse ich vor Schreck den Vater fallen, es macht ein hartes, nicht zu hartes Geräusch, da die Wiese einen richtigen Aufprall verhindert. Vor ihren Augen fangen wir an, das Essen zu zersägen, zuerst tun wir, als würden wir Brot schneiden, wie es die Mutter tat: außen ansetzen, nie in der Mitte, aus Sparsamkeit, dann die Tomaten, die hoch in die Luft spritzen, es ist ja eine Universalsäge, für alles zu gebrauchen, jauchzt meine Schwester, wir schneiden alles immer kleiner, die Eier, das Brot, wir schneiden alles zu Brei. Die Mutter schreit etwas, das wir nicht verstehen. Sie schreit: Ra mus kala put dank bar köt kait kait. Schnell, sagt die Schwester. Wir ringen die Mutter zu Boden und stopfen ihr wieder den Knebel in den Mund. Wir müssen sie wieder fixieren, sage ich zur Schwester, die lauthals kichert, damit keine Wörter aus ihnen herausfallen, sagt sie.

Wenn der Vater nicht schrie, wiegte er sich sanft, er wiegte sich in Unschuld und Trauer, aber er wiegte nicht uns sanft. Die Schwester und ich wiegten uns leise summend in den Schlaf. Manchmal nahmen die Eltern uns in ihre zitternden Arme wie kleine Gespenster. Sie schauten uns lange an. Sie konnten nicht glauben, dass sie so etwas Süßes und Herzzerreißendes selbst zu Stande gebracht hatten, wo sie so schwach in der Welt standen. Die Schwäche des Vaters war doppelgesichtig, Tag und Nacht, laut und leise. Sie strahlte hart die Mutter an, entweder erstrahlte sie dann in dieser Schwäche, oder der Strahl traf sie hart am Mund, mitten ins Gesicht, so dass sie, taumelnd, sie hält sich noch fest am Tisch, hält sich fest an unseren Wiegen, an unseren Betten, wo wir immer schneller wippen, wo wir aneinanderstoßen, alles mitreißt, in ihrem Fallen, und der Vater: Schaute stumm auf dem ganzen Tisch herum.

Es geht die sechste Route aufwärts. Wir haben kaum noch Wasser, geschweige denn Saft, Saft, wie er ausgetauscht wurde zwischen unseren Eltern, Saft, den wir nun tauschen müssten, um die Eltern zu tränken, die unersättlichen, die Fässer ohne Boden. Sie haben sich an die Knebel gewöhnt, dafür haben wir in einem Akt der Milde ihre Hände aus den Fesseln gelöst. Die Eltern brauchen unabdingbar Wasser oder Saft, die Schwester ruft es nach hinten, zu den Eltern, die zusammengesunken da sitzen und deren Haut in der Hitze des Autos und ohne Wasser

ganz fahl aussieht, fahl als seien sie Geister, und vor deren Fahlheit die Säge glitzert in der Sonne.
   Immer wieder werden sie gegeneinander geschleudert, als wollten wir sie in eine intime Bewegung bringen, in ein gegenseitiges Zueinanderfinden, das wir uns früher einmal, als der Vater zu der anderen Frau ging, die nicht unsere Mutter war, für die er nur noch böse Worte übrig hatte, gewünscht haben. Wir wundern uns, dass sie nicht erstaunt waren über das Wiedersehen, nach all den Jahren.

Eine kurze Information, sage ich zu meiner Schwester, die jetzt fährt, sie hat verschwitzte, immer noch zittrige Hände, ich weiß, ihr Job als Ärztin stresst sie sehr. Ich falte das Blatt auf. Herkömmliche Sägen, sage ich, werden geschoben. Dies erfordere überstarke Blätter, um ausreichende Stabilität zu gewährleisten. Die Ryoba, eine japanische Königssäge, werde jedoch gezogen. Es genüge eine sehr dünne Ausführung der Blätter. Meine Schwester nickt. Sie stehen, sage ich, nur unter Zugspannung und verbiegen sich nicht. Die Schnittfugen seien entsprechend feiner und die erforderlichen Schnittkräfte deutlich geringer. Hast du dich über Schränkung und Blattstärke informiert, frage ich meine Schwester erneut, eine kurze Information, Info, sage ich, in der Sprache, die meine Mutter, der Büromensch, sprach, doch sie hört mir kaum mehr zu.

Schon nähern wir uns dem Ort, wo es losgehen und wo alles enden soll. Dort herrscht Steppenklima, und es wird jetzt ernst für die Eltern. Wir sehen die ersten Kakteen, und die Luft, die ins Fenster weht, ist so trocken, dass das Sprechen uns schwerfällt. Es kommt uns vor, als seien wir schon Jahre unterwegs. Die Schwester ist nun ganz aufgeregt. Sie hüpft auf dem Beifahrersitz, in der Hitze, sie nimmt einen Schluck aus der Wasserflasche, alle Angst ist abgefallen von ihr, schneller, schneller, treibt sie mich an, so kenne ich sie gar nicht, so ohne jegliche Furcht, vom Vater haben wir seit geraumer Zeit kaum mehr etwas gehört, liegt er wieder auf dem Schoß der Mutter, klein plötzlich und sanft, mit seinen knirschenden, verdrehten Gliedern, und wird die Mutter wieder, wie vorhin, ihm den Schweiß vom Kopf wischen und ihn dann, in einer ungewohnten Geste, die wir von ihr ihm gegenüber so noch nicht gesehen und staunend im Rückspiegel beobachtet haben, den Kopf, den Oberkörper wieder aufrichten, so dass er, offenen Munds, nach hinten lehnt, bis sein Kopf, während wir über Schotter fahren, wieder zur Seite fällt, auf die Schulter meiner Mutter, die dann doch wieder einen Schrei tut, spitz und unverständlich, und meine Schwester hält das Auto und springt nach hinten und knebelt sie, du bist nicht brav gewesen, sagt sie.

Im Rest House empfängt uns ein Cowboy, der uns lächelnd Schlüssel und Bier überreicht. Die Hitze knallt auf unseren Jeep, in dem die Eltern liegen. Wir sitzen auf einer Bank und um uns ist Staub und Hitze. Da hinten, sage ich, und zeige dorthin, wo die Sonne alles verdeckt, werden wir das Haus bauen. Ich streiche das feine Blatt der Ryoba, die unter meinen Fingern schnurrt wie ein Kätzchen, ein Blutstropfen vor mir auf den Weg.

Meine Schwester hat schon beim Hereinkommen dem Mann schöne Augen gemacht. Sie sieht ihn an, wie er unter dem Wellblechdach lehnt, er spielt Banjo, und ich wünschte, ich könnte das Schnalzen und die schnellen Töne, die klingen, als würden sie direkt ins Hirn hineinstoßen, abstellen. Sie hat schon vorhin gefordert, auch wieder fahren zu dürfen. Nun sagt sie, dass die Erlösung, die wir beide uns ja wünschten, seit wir zusammengesunken unter der Spüle saßen und den Streits und Schlägereien der Eltern lauschen mussten, noch größer würde, groß und leuchtend und golden wie die Sonne. Sie erinnert mich an unsere Mutter, die auch so schaute und eine Augenbraue nach oben zog, wenn sie zu strafen begann, und die sich auch für uns immer Strafen ausdachte, die im Kern human sein sollten, weswegen wir selbst stets mitzuwirken hatten an unserer eigenen Bestrafung, selbst die angemessene Strafe auf einen Zettel schreiben mussten, den sie mit Genuss las und nur die falschen Buchstaben herauskorrigierte. Und wenn auch meine Mutter von meiner Schwester sehr viel forderte, lobte sie meine Schwester doch auch für ihr Geigenspiel, ihre Wettläufe, während sie mich manchmal so mitleidig ansah. Vater hat schon ganz große Augen, die aus den Höhlen treten, sage ich. Meine Schwester sieht zum Cowboy hinüber, der sein Banjo einen Moment zur Seite gelegt hat. Dann kickt sie die Dose weg, und etwas Wasser spritzt in die Höhe, und dann sieht sie mich an und sagt: Du, du bist doch zu weich. Das lasse ich mir nicht gefallen. Ich springe auf und schreie, ich tobe, ich zertrete die Bierdose im roten Sand, der Fleck breitet sich aus, ich stürze mich auf meine Schwester, und schon geht der Cowboy dazwischen mit milder Hand, und er fasst meine Schwester und verschwindet mit ihr in der Raststätte.

Später fahren wir wieder. Wir fahren schnell und schneller, der Cowboy spielt meinen Eltern etwas vor, die Ryoba glänzt in der Sonne, ein Ryoba Ride, sagt der Mann, singt es beinahe und kitzelt meiner Schwester in den Spielpausen im Nacken. Für mich hat er nur gelangweilte Blicke übrig, bis er aussteigt an der letzten Haltestelle und meine Schwester ihm weinend nachwinkt. Den Eltern sind wieder die Hände gebunden, und sie röcheln jetzt etwas, sie brauchen Wasser, eine Wasserstelle, sie könnten sonst vor der Zeit sterben, und gerade als es unerträglich wird im Auto, sehen wir die Oase.

Präzise schneidet die Ryoba, sie enttäuscht uns nicht, wir sind so oft schon enttäuscht worden, sagt meine Schwester. Wir haben uns die Hosen hochgekrempelt, wir tragen Hüte, die Eltern im Auto schlafen, was werden sie staunen, wenn sie erwachen. Gleich, gleich werden wir ihnen das Wasser aus der Quelle zu trinken geben, was werden sie über die Qualität staunen und endlich einmal andere Worte finden, wir werden ihnen das Wort großartig verbieten, wir werden sagen, sie müssen eine neue Sprache finden. Heiß brennt die Sonne auf uns nieder, Pioniere, ich bekomme das größere Zimmer, sagt meine Schwester, sie stößt mich in die Seite, und kurz steigt in mir die Wut auf, die ich früher verspürte, doch ich reiße mich zusammen, sehe dem Rieseln der Späne zu, sauge den Geruch frischen Holzes ein, der das neue Haus durchziehen soll, unser Haus. Darin soll alles luftig sein und leicht und neu. Die dicken Bretter bleiben stumm. Ich stocke: Unsere Säge reicht nicht durch, sie hat aufgehört zu schwingen, warum, sage ich zur Schwester, die immer noch lacht und mit den Armen unser zukünftiges Elternhaus umreißt in der Luft, warum hast du dich nicht über die Blattstärke informiert?

Da hören wir das Geräusch des anfahrenden Wagens. Das werden sie nicht! schreit meine Schwester. Sie rennt voraus, ich hinterher, die Sonne brennt, und wir haben trockene Luft und Staub im Mund, wir klopfen an die Scheiben, es ist die Mutter, die sich des Steuers bemächtigt hat, der Vater schaut noch immer vor sich hin, starrt, wie er schon früher gestarrt hat, viele Stunden mit Starren verbracht, den Starrblick in den Fernseher versenkt, in die Augen meiner Mutter, um sie ihr nach hinten in die Augenhöhlen zu drücken, dann wieder ins Bierglas, diese Augen, schmutzige Seen, starren zu unserer Mutter, und wir sehen, wie er ihr den Knebel aus dem Mund nimmt, er sieht ganz munter aus und sieht uns nicht an, und unsere Mutter startet den Wagen.

Ich bin beim Start des Wagens in den Sand gefallen, wie vom Rückstoß eines Gewehrs, und als ich aufschaue, sind sie schon auf der Straße, mit unserem Jeep, dem Gepäck, den letzten Holzplanen oben auf dem Dach, und meine Schwester neben mir hält noch die Ryoba in der Hand, mit der besten Sägequalität, ich krieche im roten, staubigen Sand, wir greifen in die Luft als könne das unsere Eltern aufhalten oder zurückholen, mit leisen, in der trockenen Luft kaum hörbaren Stimmen rufen wir Halt! Halten sie diese Frau. Diesen Mann! Wir möchten keine verlassenen Kinder sein! Möchten! Halt! Wir fallen, meine Schwester und ich, wieder in den Sand, wir liegen auf dem Rücken, wir fassen uns an den Händen und wiegen uns hin und her, während der Motor des Autos unserer entführten Eltern am Horizont verschwindet und unsere Kehlen trockener werden, als könnten wir nicht mehr sprechen, als warteten wir auf Muttermilch oder Bier.

Die Ryoba ist vor uns in den Sand gefallen. Ihre Form, ihre Blätter sind perfekt, wie Welt und Worte es nie sein können. Ich greife nach ihr, vorsichtig, ohne mich zu verletzten. Wir sitzen wieder, und dann gebe ich die Ryoba meiner Schwester. Sie setzt sich breitbeinig an die Straße, ich halte den Daumen hoch, und sie spielt ein Lied auf der Säge, wie sie es von ihrem Cowboy gelernt hat, und während ich nach dem nächsten vorbeifahrenden Auto winke, wiege ich mich im Takt dazu.

Verena Keßler
DEUTSCHLANDTRIKOT GRÖSSE M

Ich habe aufhören müssen, mich für Flugzeuge zu interessieren. Irgendwann konnte ich nicht mehr schlafen, weil ich ständig Angst hatte, dass ein SEK oder das FBI oder keine Ahnung was nachts die Wohnung stürmt, wie im Fernsehen. Ich hab mir immer wieder vorgestellt, wie die erst heftig gegen die Tür ballern, sie dann eintreten, mit zehn Mann in voller Montur rein laufen, rumschreien und du stehst dann da, in Boxershorts und weißt nicht mal, was los ist. Als ich acht war, hat mein Vater mir einen Modellbaukasten geschenkt. Seitdem war ich besessen, kannte bald jeden Flugzeugtyp der Welt, konnte jedes Bauteil benennen. Jetzt weiß ich das natürlich auch noch alles, aber ich kann mich nicht mehr auf dem Laufenden halten oder in die Foren mit den anderen Freaks im Internet. Ich meine, wenn ich so Sachen wie zum Beispiel »Schränkung« bei Wikipedia eingebe, weil ich an dem Artikel noch was ergänzen will, dann haben die mich doch sofort auf dem Schirm. Als gäbe es keine einfacheren Methoden. Hat man doch gesehen in Paris. Aber Hauptsache meine Tasche wird am Flughafen durchsucht, dann kann niemandem was passieren. Und außerdem: Als ob man dann erstmal zu Wikipedia geht, um sich zu informieren, wenn man so was vorhat. Aber keine Ahnung, wie die denken. Ich schau jedenfalls nichts mehr im Internet nach zu dem Thema, sicher ist sicher. Und offline auch nicht, da macht man sich ja erst recht verdächtig. Stattdessen google ich jetzt manchmal Sachen, die zeigen, dass ich keinen Scheiß machen will. »Babykleidung« zum Beispiel. Oder »Brokkoli gesund«. Irgendwie so was halt und dann stell ich mir vor, wie da einer vor seinem Rechner sitzt und das auswertet und sich denkt: »Ach, schau mal, den kann ich ja von der Liste nehmen. Der will Familie, der achtet auf sich, der sprengt sich nicht in die Luft.« Ist natürlich Blödsinn. Ich weiß ja, dass das alles automatisch geht.

Im Kühlschrank ist nichts außer angetrocknetem Ja! Gouda von ich weiß nicht wann. Gehört mir auch eh nicht. Beim Durchsuchen der Küchenschränke finde ich eine Dose Erbseneintopf. Wahrscheinlich von irgendeinem Festival übriggeblieben. Ich gehe die Zutatenliste durch: 4,5 % Schweinefleisch. Also nicht Mama erzählen. Haha. Als hätte ich mir nicht erst gestern Nacht ne Riesencurrywurst aus 100 % Schweinefleisch reingezogen. Suff macht halt hungrig. Jan kommt verpennt in die Küche. »Morgen«. Draußen ist es schon wieder dunkel. »Gibt's Kaffee?« Ich nicke Richtung Kaffeemaschine. »Wenn du welchen machst ...« Jan verdreht die Augen und gibt Geräusche von sich, die mir zeigen sollen, was für einen krassen Kater er hat. Ich ignoriere ihn, selber Schuld. Nicht falsch verstehen, ich hab echt nichts gegen Alkohol, ich trink doch selbst beim Feiern, aber Jan muss es immer übertreiben. Demonstrativ schwerfällig führt er die Schritte aus, die zum Kaffeemachen notwendig sind. Ich sitze am Küchentisch, esse meinen mikrowellengewärmten Schweinefleischeintopf und schaue ihm dabei zu. Er nervt mich, aber ich hab keinen Bock auf Streit. »Mach mir einen mit, ja?«

Der Kaffee ist noch zu heiß, aber allein, dass er neben mir auf meinem Schreibtisch dampft, verströmt so eine motivierende Arbeitsatmosphäre. Und ich muss jetzt wirklich mal was tun für meine Bewerbungen. Die Lücke im Lebenslauf wird mit jeder Sekunde größer und am Ende denkt noch einer, ich war die Zeit in irgendeinem Ausbildungscamp. Vielleicht schreib ich mir das einfach mal so rein: Abitur 2010, Bachelor Studium der Betriebswirtschaftslehre 2010-2013, Master Studium Marketing 2013-2015, anschließend Auslandsaufenthalt in Afghanistan. Besondere Fähigkeiten: Ausgezeichnete Kenntnisse im Bombenbauen. Hobbys: U-Bahn fahren. Haha. Mann, das kann doch eigentlich nicht so schwer sein, so ein scheiß Bewerbungsformular mal auszufüllen. Aber es fängt ja schon mit dem ersten Feld an. Da gibt es doch längst Studien zu, dass Leute mit einem »ausländisch klingenden« Namen seltener zum Vorstellungsgespräch eingeladen werden. Hatten wir mal in der Arbeitsrechtsvorlesung. Da wäre ich damals am liebsten sofort aufgestanden und gegangen. »Tschüssi, ich bin dann mal raus, ist ja anscheinend sowieso egal, ob ich einen Abschluss hab oder nicht!« Hab ich natürlich nicht gemacht, hab's mir aufgeschrieben, falls es in der Klausur dran kommt. Kam es aber nicht. Das war vor drei Jahren und ich kann mir nicht vorstellen, dass es besser geworden ist, im Gegenteil. Aber jetzt muss ich mich eh damit abfinden: Das Unternehmen, zu dem ich unbedingt will, macht keine anonymen Bewerbungen. Also tippe ich meinen Namen ein und drücke mir selbst die Daumen, dass da kein Rassist in der Personalabteilung sitzt. Oder einer, der zwar nicht weiß, dass er ein Rassist ist, aber trotzdem unterbewusst meine Bewerbung anders bewertet als die von Paul Meier. Am besten wäre einer von diesen »positiven Rassisten«, die einen bevorzugen, gerade weil man Ausländer ist. Wäre mir dann auch egal, Hauptsache, ich krieg den Job.

Der Kaffee ist kalt geworden, ohne dass ich einen Schluck davon getrunken habe. Die letzten paar Felder waren leicht, Straße, Hausnummer, Stadt, PLZ, Geburtsdatum, Telefonnummer, E-Mail-Adresse. Jetzt komm ich schon wieder seit bestimmt zehn Minuten nicht weiter: Staatsangehörigkeit. Das klingt jetzt ein bisschen doof, aber ich bin mir nicht ganz sicher. Also ich weiß schon, dass ich die deutsche hab, das auf jeden Fall. Aber das war damals so eine dumme Sache, ich bin echt zu einem bescheuerten Zeitpunkt geboren. Zwei Jahre bevor man sich nicht mehr entscheiden musste, hab ich die Staatsbürgerschaft meiner Eltern abgegeben. Abgeben müssen. Und dann haben sie das geändert 2014. Man kann jetzt also beide behalten, aber ich weiß halt nicht, ob man die abgegebene im Nachhinein automatisch wiederkriegt. Hab mich da bisher irgendwie nicht drum gekümmert. Ich war nie in Pakistan und ich will da auch nicht hin, also wozu der Aufwand. Aber muss ich das jetzt angeben, dass ich die mal hatte?

Nicht, dass mir am Ende vorgeworfen wird, irgendwas verschleiern zu wollen. Der Moslem verschleiert doch so gerne. Haha.

Ich klopfe an Jans Tür. Er gibt einen Laut von sich, den ich als »herein« interpretiere. In seinem Zimmer riecht es immer ein bisschen eigenartig. Jan liegt im Bett, der Laptop auf seinem Bauch. Er schaut den ganzen Tag Serien, keine Ahnung, wann der mal was für sein Studium macht. Ingenieurwesen, krasse Durchfallquote, aber Jan meint, entweder kannst du's halt oder nicht. Und er kann's offenbar. »Sag mal, muss ich bei ner Bewerbung sagen, dass ich Pakistaner bin, obwohl ich wahrscheinlich nur die deutsche Staatsbürgerschaft besitze?« Jan drückt auf Pause. »Was heißt denn hier wahrscheinlich?« Ey, der soll nicht rumnerven, sondern mir einfach die Antwort geben. »Ja, keine Ahnung, also eigentlich bin ich mir ziemlich sicher. Aber muss ich da irgendwie sagen, wo meine Eltern herkommen?« »Das geht die nen Scheißdreck an«, sagt Jan und drückt wieder auf Play. »Danke.« Ich schließe die Tür und gehe zurück in mein Zimmer.

Also deutsch. Macht es nicht so einfach, weder für positive noch für negative Rassisten. Keine Ahnung, ob das gut ist. Auf der nächsten Seite soll man all seine Ausbildungs- und Berufsstationen angeben. Alles klar. Abi, Studium, Praktikum, diverse Nebenjobs. Die zähl ich jetzt aber nicht alle hier auf, das interessiert die doch nicht in ihrer Marketingabteilung. Die wollen Lebensläufe mit klarer Linie. Deswegen muss ich mir auch noch was Gutes für die letzten Monate ausdenken. Die Wahrheit geht auf keinen Fall, dann doch lieber Ausbildungscamp. Ich meine, wie soll man das auch formulieren? Oktober 2015 bis Januar 2016 Aufenthalt in Bad Salzuflen. Als wär das Australien oder Thailand. Kein Schwein geht da freiwillig hin und man muss auch nur ein bisschen googeln, um zu wissen, was los ist. Wobei, ich könnte ja auch was Körperliches gehabt haben. Vielleicht sag ich das einfach, dass ich einen komplizierten Beinbruch hatte oder so was. Werde ich ja wohl nicht nachweisen müssen, oder?

Ich klopfe noch mal bei Jan. Er liegt genau so da wie vorhin. Diesmal drückt er gleich auf Pause und sieht mich fragend an. »Ganz kurz nur: Wie erklär ich das denn mit der Klinik? Ich kann ja wohl schlecht schreiben, was wirklich war, aber ich hab mir gedacht, dass die ja auch Reha machen nach Unfällen und …« »Schreib einfach ›Auszeit aus gesundheitlichen Gründen‹.« Jan kann manchmal wirklich nerven, aber er hat diese Sachen voll drauf. »Und schreib noch ›vollständig genesen‹ oder so was in der Art dazu, sonst denken die, du bist ein Krüppel und sortieren dich gleich aus.« »Alles klar, danke.« Ich schließe die Tür. Da gab es doch mal so einen Witz, irgendwas mit einer schwarzen lesbischen Frau im Rollstuhl oder so. Krieg ich jetzt nicht mehr zusammen. Egal. Ich setze mich wieder an den Schreibtisch und gebe ein, was Jan gerade gesagt hat. Auf einmal werde ich sehr müde. Es ist erst halb sieben. Eigentlich wollte ich das hier heute fertig machen. Aber als ich zur nächsten Seite klicke und sehe, dass ich erst bei Punkt 3 von 11 bin, speichere ich das Formular auf dem Rechner ab. Man darf sich nicht zu viel auf einmal zumuten, haben sie gesagt. Kleine Schritte gehen, stolz auf sich sein. Vollständig genesen.

Im Traum frage ich Jan, welche Blattstärke Bewerbungen in Deutschland haben müssen. Er lacht mich aus, weil E-Mails keine Blattstärke haben und fragt, ob ich eigentlich irgendetwas alleine kann. Dann sitze ich in einem altmodischen Büro und warte darauf, dass mein Vorstellungsgespräch anfängt. Es kommt keiner. Da liegt plötzlich Jan hinter mir auf einem Sofa und bewirft mich mit Papierfliegern. Ich laufe vor ihm weg, aber meine Beine sind ganz schwer und ich komme kaum vom Fleck. Trotzdem schaffe ich es irgendwie in die U-Bahn. Alle starren mich ängstlich an, da merke ich, dass ich einen großen Rucksack dabei habe. Als die U-Bahn hält, steigen so viele Leute ein, dass ich hinaus gedrängt werde. Ich weiß nicht, wo ich bin, also versuche ich Jan anzurufen, aber er drückt mich immer wieder weg. Ich wache auf. Jan steht in meiner Zimmertür, er klopft nie. »Oh, sorry, schläfst du etwa schon?« Ich taste nach meinem Handy. »Wie spät ist es?« »Kurz nach neun, ich wollte Pizza bestellen, willst du auch?« Ich nicke. »Kannst ja gleich mal bei Dominos schauen, was du willst, ich bestell dann«, sagt Jan und geht wieder raus. Ich klappe den Rechner auf, obwohl ich eh immer das gleiche nehme. Bevor ich Jan Bescheid gebe, google ich noch schnell »Deutschlandtrikot Größe M«.

Felix Kucher
RECHTSMEDIZIN

Zuerst sah ich die Hand vor drei Wochen.
Sie lag aufgestellt und flach an der rechten Schläfe, als ob sie Schläfenschmerzen mildern wollte, wenn es solche Schmerzen gibt. Doch die Handfläche bewegte sich nach hinten, den Haarhelm entlang. Das oberste Glied des Daumens war angewinkelt, die Daumenspitze kratzte einen flachen Bogen über dem Ohr. Die streifende Hand schlichtete die Haare hinter das Ohr, hob ab, verharrte kurz in der Luft und fiel wie ein Turbinenaufblasmännchen, dem die Luft ausgeht, auf den rechten Oberschenkel der Besitzerin zurück. Die linke Hand hielt ein Buch, die Augen lasen. Dann zuckte die Rechte nach vorn, nahm eine Tasse Kaffee, die in einem Zug getrunken wurde.
Japanische Sägen arbeiten auf Zug, nicht auf Druck.
Ich mag sie alle: Dozukis, Katabas, Kobikis, und die Kugihiki für Nägel und Schrauben, auch wenn ich letztere nur selten anwende. Eigentlich nur um sicher zu sein, dass sie Metall schneidet, ohne praktische Anwendung.
Jetzt säge ich mit einer Kataba.
Sie ist sehr dünn und für mein Vorhaben perfekt geeignet.
Passend für größere Durchmesser, da sie keinen verstärkten Rücken hat.
Auch die Kälte macht ihr nichts.
Ich lernte die Hand kennen.
Sie schrieb in Vorlesungen aus Mathematik und Physik an der Uni mit. Ich stand im letzten Semester Jura.
Ich strich über ihren Rücken, entlang den Adern. Ich setzte meine Fingerspitzen genau auf die Knöchel und schummerte im Kreis, die Verschiebbarkeit der Haut an diesen Punkten ausnützend. Sie tolerierte es. Aber immer, wenn ich sie umfassen wollte, zog sie sich zurück.
»Das machen doch Teenies. Die halten sogar im Café Händchen.«

Sie mochte das nicht.
Wir kamen trotzdem zusammen.
Aber keine Hand.
Es war wie in einem Bollywood-Film, in dem die Protagonisten ahnungsvoll um den Kopf des anderen herumschnuppern, einander aber niemals küssen.
Ich begann sie ein wenig zu verachten, die Verachtung kapselte sich in die Zuneigung ein wie ein inoperables Projektil im Fleisch eines Soldaten. Mit der Zeit wuchs wildes Fleisch darum.
Ich betrachte das Papier, das um das Sägeblatt geklebt war und jetzt weiter links auf dem Objekt, das ich säge, zu liegen gekommen ist.
Unter diesem Umschlagpapier war beim Aufreißen vor einer halben Stunde eine zusammengefaltete detaillierte Gebrauchsanweisung herausgefallen. Ich weiß nicht, wo sie ist. Ich werde sie später suchen, keine Spur hinterlassen.
Ich lese die weißen Lettern des Umschlags, während ich weiter ziehe.
Kurz-Info:
Kataba
Japanische Säge ohne Rücken
Schränkung: 0,45 mm
Blattstärke: 0,3 mm
Zahnteilung: 1,4 mm
Ich mag Präzision.
In dieser Hinsicht passten wir gut zusammen.
Sie studierte Mathematik und Physik an der Uni, nicht an der TU, was ihr immer missbilligende Blicke von den Technikstudenten einbrachte, ich vergrub mich im Lesesaal der Universitätsbibliothek in die Skripten der Rechtsmedizin, Wahlfach.
Die drei »T« der Rechtsmedizin. Thanatologie, Traumatologie, Toxikologie.
Wir trafen uns, spazierten, gingen was trinken und ins Bett, gingen sonntags brunchen.

Wir schauten Zeitreisefilme wie *Twelve Monkeys* und *Looper*. In dem einen erinnert sich Bruce Willis, als Kind einen Mord beobachtet zu haben, der sich schließlich als seine eigene Ermordung in der Vergangenheit herausstellt. Im anderen mimt er einen Fünfzigjährigen, der von sich selbst, 30 Jahre jünger und zeitgereist, getötet werden soll, der aber entkommt und von seinem jüngeren Ich gejagt wird.
Die Hand gestikulierte wild – ich saß da und kämpfte mein Begehren nieder, sie zu fassen –, als wir weitere Varianten dieser Filme entwarfen, die meistens in einen mise-en-abyme mündeten: Zeitreisende verhinderten ihre eigene Geburt und hörten entweder auf zu existieren oder waren in einem flimmernden Zustand, wie der Zittermoment beim Lichtschalter. Ein Vibrieren, das sich nicht für »ein« oder »aus« entscheiden kann. Als Kind legte ich das Ohr an den Schalter und vertiefte mich in das Brutzeln, manchmal brannte auch eine Glühbirne durch.
Wir erwogen, ob dieser Zustand so etwas Ähnliches wäre wie das mu im Zen. Die mu-Existenz, da und nicht da. Wir gebrauchten mu immer öfter, um unsere Stimmung zu beschreiben. Einmal schliefen wir ein, einander versichernd, uns ganz mu zu fühlen.
Immer öfter träumte ich von ihrer rechten Hand, nie von ihrer linken. Auch tagsüber verscheuchte ich das Bild der Hand durch Lernen oder Lärm.

Unangenehm? Nein.
Sicher macht die Säge ein Geräusch, aber es ist kein vulgäres Knirschen wie bei einer Bügelsäge mit Hartmetallblatt.
Eher ein rhythmisches Summen.
Du hörst die Präzision.
Ja, es geht langsam, immer auf Zug.
Mit tiefgekühltem Gut hat sie noch nie zu tun gehabt.
Der Schnitt ist unübertroffen sauber, Blattstärke 0,3 mm.
Noch tropft nichts.

Wir erzählten einander von unseren Familien. Ich sagte ihr, dass mein Vater Präparator war und ich in der Werkstatt aufgewachsen bin. Der Laden bestand aus zwei Räumen, dem kleinen Verkaufsraum mit Tresen und Trophäen, die über alle Wände verteilt waren, und der Werkstatt mit dem großen Gefriertrockner, wo ich das Präparieren gelernt hatte.
Ist ja irre, du kannst Tiere ausstopfen, Rehe und so?
Ich sagte ihr, dass wir kaum Wildtiere hatten. Er war ein Stadtpräparator am Rande des Villenviertels. Stopfte alten Damen die Katzen und Kanarienvögel aus, mit denen sie Jahre zusammengelebt hatten. Die Damen waren mir als Kind unheimlich. Sie trugen die Haare auffallend gefärbt und streichelten das tote Tier, als ob es lebte. Sie blickten wehmütig und ratlos in deren Glasaugen. Ich wusste, dass unter dem Fell Holzwolle, Styropor und Watte war. Die Damen hatten, was sie wollten. Sie konnten ihre starre Katze jetzt immer streicheln, ohne dass sie fortlief. Mit vierzehn hatte ich meine erste Katze präpariert.
Du kannst Sachen. Ich muss was tun.
Ich sah der gestikulierenden Hand zu, wie sie versuchte, mir die Erklärung von Schall und Gegenschall zu verdeutlichen. Sie schrieb eine Seminararbeit darüber. Akustik. Kopfhörer, die Geräusche neutralisierten. Flugzeugturbinen, die über Mikrofone in den Düsen Gegenschall in der Kabine auslösten. *Active Noise Reduction*. Was aber, fragte ich, wenn eines Tages für alles ein Gegenschall gefunden wäre? Träte dann eine Art rauschende Stille ein? Würden Menschen sie als kalt oder wärmend empfinden? Es fröstelte sie oft, sie kuschelte sich an mich und zog die Beine an.

Die Kälte macht ihr nichts mehr.
Ich schwitze schon ein wenig, versuche aber, den Sägerhythmus beizubehalten.
Ich werfe wieder einen Blick auf das Verpackungspapier.
Die vielen -ungs haben etwas Endgültiges und sehr Rundes.

Gleichmäßige Schränkung.
Absolut geradlinige Verzahnung.
Perfekte Entgratung der Verzahnung.
Spielfreie Blattführung.
Die Hand liebte Figuren, die in einem Zug zu zeichnen sind.
Sie malte mir das *Icosian game* auf. William Rowan Hamilton. Schlag nach.
Im dritten Anlauf schaffte ich es, die Linien zu ziehen.
Zur Belohnung streiften ihr die Hände sämtliches Gewand ab.
Die Spiele wurden zum Vorspiel. Rätsel gelöst und wir landeten im Bett.
Aber die Aufgaben wurden von Woche zu Woche anspruchsvoller.
Es machte mich betrübt und lüstern, dass ich nie ihre Hände zu fassen bekam.
Nicht zu fassen, sagte ich mir manchmal laut vor und hasste mich ein wenig für diese Banalität.
Das Ende kam nicht überraschend.
Die Hand leitete es ein, auf ihre Art.
Sie zeichnete mir das Problem des Handlungsreisenden auf.
Schau mal, es geht darum: Wie finde ich für die Städte da den kürzesten Weg, der sie – die Punkte da – verbindet. Ich weiß, wie weit sie voneinander entfernt sind. Na?
Ich Idiot versuchte es, bis sie mir mitteilte, dass bei 18 Städten die Anzahl der möglichen Routen 177 Billionen beträgt.
Der Prozessor deines Laptops würde einige Jahre rechnen.
Die Hand strich die Haare zurück, Daumen angewinkelt, wie am Anfang.
Sag jetzt nicht, dass wir Freunde bleiben sollen.
Ich will deine Hand halten, nur einmal, jetzt.
Nie im Leben.
Magst du die Werkstatt einmal sehen? Es ist sich nie ausgegangen.
Von mir aus. Ich ruf dich an.

Nachdem sie gegangen war, setzte ich mich wieder vor meine Skripten.
Ich studiere Jura, letztes Semester. Vorlesung Rechtsmedizin, Wahlfach.

Mitschrift der Vorlesung Rechtsmedizin:
Identifizierung zerstückelter Leichen:
Heute: Molekularbiologische Methoden.
Ält. Methoden: Röntgen, Zähne, körperl. Merkmale.
Identifizierung verwendeter Werkzeuge (v. a. Sägen)
Blattlänge, Schränkung, Zahnung, Wellschema, Blattstärke.
Die Staubschicht war seit dem letzten Besuch dicker geworden.
Ich zeigte ihr die Sägen, die Holzwolle, die Skalpelle.
Der große Gefriertrockner sprang sofort an.

Gleich bin ich durch.
Die Kälte schmerzt schon ein wenig.
Meine linke Hand hält das Objekt, die rechte sägt, immer auf Zug, nur auf Zug.
Es ist wie Atmen.
Gleich wird es zu tropfen beginnen.
Ich studiere Jura, letztes Semester.
Vorlesung Rechtsmedizin, Wahlfach.
Gerechtigkeit besteht im Ausgleich von unrechtmäßigen Zuständen.
Ich bin durch.
Ich fange sie gerade noch auf.
Sie wird immer bei mir sein.

Evamarie Kurfess
WELTEN

Kommen Sie rein, kommen Sie rein! Hier lang! Hocken Sie sich ins Wohnzimmer, ich zieh mich schnell um. Nein, Sie stören nicht. Ich komm von der Beerdigung, aber ist alles gut. Jetzt ist es vorbei.

Den Floristen hab ich beauftragt, Efeu soll er pflanzen, und von mir aus noch eine Konifere, ich will meine Ruh. Zu teuer soll es mich nicht kommen. Hab genug bezahlt. Oh, gute Güte. Fußsohlen brennen. Oh. Auf die Wohnzimmertruhe. Ah. Entschuldigung. Endlich. Aufs Deckchen. Nein, noch besser, weg mit dem Deckchen. Fort, auf den Boden. Lassen Sie liegen. Kommt alles in Müllsack. Topfpflanzen. Alles. Mögen Sie einen Apfel? Auch nicht? Ich auch nicht. Äpfel, bah. Wo sind denn … ah. Jetzt, Folie ab. Ich hoff, es stört Sie nicht. Gute dicke Reval. Auch eine? Gibt's kaum noch am Automat. Ich hab doch … jetzt. Streichhölzer. Gute Streichhölzer mit einem ordentlichen Schwefelkopf. Schon wie es riecht, wenn man eines anreißt! Und das Knistern. Rauch in der Kehle, dicker fester Revalrauch. Möchten Sie ein Bier? Ich hab Bier eingekauft. Seit Jahren hatte ich kein Bier mehr. Der hätt mir ja nie ein Bier oder einen Wein, einen dicken Roten, der zu meiner Reval gepasst hätt. Die er mich ja in Ruh nicht hat rauchen lassen. Kommen Sie, wir gehen mal runter. Sie möchten es sich sicher ansehen. Kommen Sie. Hier auf dem Hof hab ich geraucht, für Jahre. Hat er gemeckert. Wie das aussehen tät bei einer Frau. Gute Güte. Mit den Kindern klein, da hab ich das eingesehen noch. Jetzt sind sie alle weg. Schaffen sich ihre eigene Hölle. Sind hoffentlich schlauer wie ich. Ich war ja so jung! So. Hier rein. Alles da. Gucken Sie ruhig. Ich hock mich hin mit meinem Bier. Aus der Flasch. So. Ah. Die Reval ist stark. Mensch. Muss mich wieder dran gewöhnen. Das Kratzen im Hals. Tut gut. War hier lang nicht drin, Mensch. Hat mich kaum reingelassen in sein Heiligtum. Wollt mich immer als Weibchen haben. Haare lang. Kommen morgen ab. Schuften hab ich müssen mein Lebtag wie ein Mann, nix Weibchen. Um halb vier raus, Zeitungen austragen. Gehofft, dass die Kinder durchschlafen. Der hat nix gemacht. Konnte der gar nicht. War wie ein sechstes Kind. Ist vorbei jetzt. Keine Strumpfhosen mehr, keine Röcke. Alles in Sack. Fort mit. Jogginghosen! Hat einer behauptet, wer in Jogginghosen rumrennt, hätt die Kontrolle über sein Leben verloren. Ich sag es Ihnen: Wenn man in Jogginghosen rumrennen kann den ganzen Tag, hat man erst Kontrolle über sein Leben! So schaut es aus. Ah. Gutes Bier. Brennt auf dem Revalrauch in der Kehle. Der Fauteuil da hinten ist nicht zu verkaufen! Mein Sessel, mein alter guter Fauteuil. Wollte er reparieren, steht seit Jahren hier unten. Lassen Sie mich mal reinsitzen. Ach! So dunkles Holz. Hat die gleiche Farbe wie die Flecken auf meiner Haut. Die dunklen Flecken. Gehen nicht mehr weg, wissen Sie. Sind von der Arbeit. Hab immer gearbeitet. Immer arbeiten müssen. Einen Kunstschreiner, was hab ich mir dabei gedacht? Viel Künstler und wenig Schreiner. Regale hab ich alle selber an die Wand gemacht. Keine IKEA Küche hätt der zusammengebaut. Kunstschreiner. Tapeziert hab ich, isoliert, renoviert, wenn was kaputt war, bin ich selber ran. Da kost ja schon die Anfahrt fuffzich. Da ist noch nicht mal der Werkzeugkoffer reingetragen.

Die Truhe im Wohnzimmer oben? Wo Sie reingekommen sind? Hat er mir gemacht zur Hochzeit. Hat er Monate dran gebaut, Intarsien, alles. Dorchen, ich mach dir Intarsien. Und ich schwanger. Ständig war ich schwanger. Gott, war mir schlecht. Sodbrennen bis zum Kotzen. Beine so dick wie Eimer. Und er macht Intarsien. Bracht mir kein Wasser, keine Milch, einkaufen gehen musst ich selber. Du glaubst es nicht. Hat nie gesehen, wo es fehlt. So ein zweckloser Mensch. Alter Unnütz! Konnt er nicht leiden, wenn ich das gesagt hab zu ihm. Hab ihm das Essen hingestellt und gesagt, alter Unnütz. Gute Güte. Wie das Lottchen dann im Kindergarten war, hab ich angefangen beim Zeller Chemie, wissen Sie? Bin ich in die Kläranlage, da war die Flotation ganz neu. Hat nicht gut gerochen, war aber so bezahlt. Das war ja das Wichtigste. Da war ich … was? Dreißig? Da kann man es sich nicht raussuchen. Wenn es ganz schlimm war, konnte ich Parfümöl in die Abluft machen. Rauchen durft man halt wieder nicht. Elektrolyse. Da haben die Wasserstoffperlchen den Schlamm hochgetrieben. Hat mein Michi in Chemie eine Eins geschrieben: Wasserstoffgas und Sauerstoff gibt Knallgas. Ich hab irgendwann trotzdem geraucht in der Anlage. Immer allein! Hat keiner da lang ausgehalten. Der Geruch, das machen nicht viele mit. Das ist kein normaler Fäkalschlamm gewesen, das war Industrieschlamm auf der Anlage. Ich war die Einzige, die mit dem Ungetüm umgehen konnte. Mal kam der Binninger, das war seinerzeit der neue Boss, nachdem sie den Hodler geschasst hatten. Kam der Binninger, irgend so eine Besichtigung. Bei dem war alles auf du, bei dem Binninger, neue Firmenpolitik, hat es geheißen. Dora, sagt der zu mir. Hat mich vorher noch nie gesehen. Dora, rauchst du etwa in der Halle? Du weißt doch, wie leicht hier alles hochgeht! Stand er da in seinem Konfirmandenanzug und dem Rest vom Vorstand. Und ich, Herr Binninger, hier brennt bloß eins, und das ist meine Reval. Ist er abgezogen wie ein Schulbub. War nicht lang dran.

Die Halle damals brandneu. Brandneu. Und ich immer mit dem Sauger über die Anlage. Ein Sauger, so groß wie ein Mähdrescher, hat alles abgesaugt. Den Schlamm in die Presse, das Wasser rausdrücken. Die Schlammplatten fielen direkt in eine Mulde. Wie ich mal gefragt hab, wo denn der Schlamm hinkommt, hat es geheißen, Sondermüll. Oder Tierfutterverwertung. Ich hab immer die Presse freigeschabt mit dem Holzschaber. War gut, dass ich so eine kleine Frau bin. Da kriegt man natürlich was mit vom Schlamm, die Schutzkleidung war voll, man musste sich ja ganz reinhängen in die Presse. Aber dafür hatte ich in der Kantine immer einen Tisch für mich alleine. Und war gut bezahlt. Das war ja das Wichtigste! Kunstschreiner. Was hab ich mir bloß gedacht damals? Verliebt war ich halt. Reden hat er können.

Hab im Lauf der Jahre die ganze Werkstatt hier finanziert. Jahrelang geschichtet auf der Anlage hab ich. Kreissäge, Hobelmaschine, Abrichte, Kantenschleifmaschine, Bandschleifer, was weiß ich. Läuft alles. Alles bezahlt. Immer nebenher die Zeitungen. Dorchen, da kommt noch der ganz große Dicke. Aber der große Dicke ist nie gekommen. Immer bloß die kleinen Klecker und die konnten dann nicht zahlen, wenn er wochenlang an einem Schubladengriff rumgeschnitzt hat. Jetzt ist vorbei. Alle aus dem Haus und er auch fort. Heut hab ich für die Beerdigung zum letzten Mal einen Rock angezogen. Morgen kommen die Entrümpler, die machen den Keller. Alles raus. Das Bier läuft. Noch eins. Und rülpsen! Entschuldigen Sie bitte. Wie die Leni nächtelang gezahnt hat, hat er den Sekretär gemacht für die Alduhnsche. Gräfin Alduhn. Hier von oben, hier oben im Schloss. Mit ihren Locken. Und ihren Fingernägeln. Ich geheult vor Erschöpfung, und er gedrechselt und gesägt und gehobelt und den Sekretär geschnitzt für die Gräfin. Du ahnst es nicht. Da kam sie immer am Nachmittag und ich hab es in der Werkstatt rumpeln hören. Und Leni hat geschrien. Ist der Michi im Kindergarten durch die Scheibe in der Tür gerannt, Ärmchen aufgeschnitten, ich musste ihn holen und in die Klinik. Fünfzehn Stiche. Wegen dem Sekretär für die Alduhn. Er macht auf Termin für die Alduhn. Und dabei war sie blank, die Alduhn. Hatte schon bezahlt in Naturalien, gell! Zeiten waren das. Das war ein Ärger immer mit den Weibern. Jetzt hab ich Ruh. Trinken Sie doch auch eins, komm. Noch eine Reval. Langsam läufts. Wird dunkel. Was für eine Luft! Und alles jetzt Frieden! Ich hab Reval und Bier und Wein und Zeit und Geld und einen Jogginganzug. Was will ich mehr? Einen Hund! Einen kleinen. Für auf den Schoß und zum Füttern. So wie ichs will. Und nicht mehr mich benehmen. Nicht mehr denken, ich müsst Vorbild sein. Rum ist das, glauben Sie mir? Ich häng mich ans Fenster und zeig den Nachbarn an, wenn er falsch parkt. Nach der Geschichte mit der Alduhn hat er gewinselt, dass ich ihn wieder reinlass. Und ich hab es gemacht, schon wegen den Kleinen. Aber da haben wir dann nicht mehr richtig gesprochen danach. Da war es kaputt schon.

Bin einmal auf dem Sauger eingeschlafen. Der dröhnt so und ich war so müd. Hatte das Flockungsmittel vergessen. Das braucht man zum Ausfällen von dem ganzen Mist. Schwermetalle. Und alles ist raus, das dreckige Wasser, und die ganzen Mikroorganismen in der Kläranlage hat es zerhauen. Alles kaputt. Weil ich eingeschlafen bin. Hat den Zeller einen Haufen Strafe gekostet. Da hätten sie mich fast rausgeschmissen. Das war Spitz auf Knopf. Katastrophe wär das gewesen. Kinder kosten Geld. Da wollte ich mit ihm reden. Dachte, wir finden uns vielleicht wieder, wenn wir reden miteinander. Wollte ihm erzählen, was ich mach, wenn ich nicht bei den Kindern bin. Von der Anlage, vom Schlamm, von Fällung und Flockung. Er hatte sich grad einen Haufen teure Japansägen aufschwätzen lassen und kam mir mit Schränkung und Blattstärke. Hat keiner zugehört. Ich nicht und er nicht. Wir haben uns einfach nicht mehr verstanden. Dreiundvierzig Jahre und fünf tolle Kinder. Das Dorchen kriegt Kinder so leicht wie eine Katze, hat er immer gesagt. So ein dummer Mensch auch. Nach der Leni wollt ich die Beine zusammenhalten. Das war ja zum Verrücktwerden, immer schwanger. Aber er hats nicht eingesehen. Sei sein gutes Recht, hat er gebrüllt. Das haben sie erst abgeschafft, wie er sowieso nicht mehr wollt, zumindest nicht bei mir. Vorher kamen noch Uli und Jüggel und mein Lottchen. Und drei Fehlgeburten. Zum Verrücktwerden war das. So heißt es ja, wie man sich bettet so liegt man. Gute Güte. Jetzt ist er fort. Alles bezahlt. Von meiner Arbeit. Und ich bin hier und rauch und trink und hör Egerländer, so laut, wie ich will. Die Flecken sind Krebs. Wollen Sie die Drechselmaschine auch haben? Die Japansägen leg ich Ihnen umsonst oben drauf. Möchten Sie wirklich kein Bier?

Doris Anna Schilz
DIE REIHENFOLGE DER SUMMANDEN IST EGAL

Neulich auf meinem Balkon wollte ich den Zustand der Welt betrachten. Ich stand da und schaute. Nichts Besonderes. Ein Baum mit frischgrünen Blättern, die der Wind bewegt. Nur leichte Bewegung, nur wenig Wind, dann und wann blinkt etwas Gelbes auf: Die Balkonbrüstung des Nachbarhauses. Ich setze mich. Da ist nichts. Ich nehme einen Schluck Kaffee aus einem Becher, auf dem »Mia san mia« steht. Ich schaue auf. Nichts irgendwie. Der Baum, die Balkonbrüstungen am Wohnhaus gegenüber, unten der Spielplatz. Nichts, das mir wirklich Auskunft gäbe.

Ich tippe »Weltzustand« in mein Smartphone. Ich werde gefragt, ob ich Weltzustand günstig erwerben wolle, rechts poppt ein Zahnkosten-Optimierer auf. Ich lege das Smartphone zur Seite und sehe durch die Geländerstäbe nach unten. An der Stelle, wo man vor zwei Wochen die Drehplatte abgebaut hat, weil Drehplatten für nicht drehplattengeübte Kinder gefährlich sind, sitzen Teenager und schauen auf Mobiltelefone.

Ich lehne mich zurück. So sind meine Augen auf Höhe der am dichtesten bewachsenen Stelle des Baumes. Ich sehe nun nichts als den Baum, kann dahinter nichts erkennen, weiß aber, was da ist, denn jedes Jahr im Herbst wirft der Baum seine Blätter ab und gibt den Blick frei. Doch ich erinnere mich im Augenblick an keine Erkenntnis, die ich in einem Herbst hieraus gezogen hätte.

In den Wohnungen mit den gelben Balkons laufen Leute hin und her. Es ist, wie wenn man in ein Aquarium schaut. Wie bei »Das Fenster zum Hof«. James Stewart / Jeff sitzt da und glaubt etwas gesehen zu haben, wobei der entscheidende Punkt ist, dass er es eben nicht gesehen hat. Einiges im Leben ist wie bei »Das Fenster zum Hof«. James Stewart / Jeff / wir alle können sehen, dass die Nachbarin unglücklich ist und einen Mann herbeisehnt (wenn gleich »Herbeisehnen« zum nicht eigentlich Sichtbaren zählt), nur können er / wir da eben nichts, aber auch gar nichts machen.

Unten steht einer und macht Tai Chi. Merkwürdig, dass er dabei mit dem Rücken zum Park, also mit dem Gesicht zu unserem Haus steht. Auf solche Leute muss man achten, so hört man, weil sie eventuell den Sport nur vortäuschen könnten, um eigentlich währenddessen in Ruhe das Haus auszuspionieren nach dem günstigsten Zeitpunkt, uns alle auszurauben.

Ich setze mich wieder aufrechter, atme tief ein und schließe mit dem Ausatmen die Augen. Jetzt könnte ich dabei noch die Arme ausbreiten, und hätte also eine Technik entwickelt, die es bestenfalls zulassen würde, dass ich mich selbst fände. »Ich mache jetzt übrigens Tai Chi. Das ist total super.«

Es ist ganz still geworden da unten. Fast wäre mir die plötzliche Ruhe entgangen. Die Kinder sind weg. Nur der Mann steht da noch, auf einem Bein. Hinter einer der gelben Balkonbrüstungen, der einzigen ohne Blumenkästen, werden Vorhänge zugezogen. Verbrechen oder Mittagsschlaf. Verreisen oder Kranksein. Sonnenschutz oder Selbstmord.

Mein Balkon ist dieses Jahr ganz gut gelungen. Ein Wunder, wie manche Pflanzen diese Winter überstehen: Zu trocken, zu warm. Und diese Frühlinge: Zu nass, zu kalt. Mein Blick fällt auf die Flasche mit dem Flüssigdünger von einem Hersteller, der sich als Ihr Lieferant für die Gärten der Welt bezeichnet. Ich sehe einem Meisenpaar bei der Wohnungsbesichtigung zu. Sie brauchen nicht lange – vermutlich gefällt ihnen der Duft nicht, den die Vormieter im Meisenkasten zurückgelassen haben.

Ich lege die Füße auf einen Hocker und schließe die Augen. Es ist eigentlich gar nicht still. Nur die Kinder sind weg. Ich höre also laut minus Kinder. Einfache mathematische Operationen können eventuell zur Erklärung des Weltgeschehens beitragen, ein Rechenbeispiel:

Fukushima
+ Somalia
+ Taksim
+ Kristallnacht
+ Guantanamo
+ Odenwald
+ Tschetschenien
+ IS
= Die Gärten der Welt

Die Reihenfolge der Summanden ist egal (Vertauschungsgesetz der Addition). Klammern dürfen umgesetzt oder weggelassen werden, es ergibt sich trotzdem der gleiche Wert der Summe (Assoziativgesetz oder Verbindungsgesetz der Addition). Alles zusammen zu addieren ist einfach. Weglassen scheint schwieriger:

Pflanzen der westlichen Industrieländer
- Gärten der Welt-Dünger
= schlimmstmöglicher Balkonburnout

Die Menge der natürlichen Zahlen ist bezüglich der Subtraktion nicht abgeschlossen, das heißt, mit der Subtraktion erzielt man eventuell ein Ergebnis, das den Bereich der natürlichen Zahlen überschreitet. Ich sehe mich um nach etwas, das meine Beunruhigung relativieren könnte, doch da ist nichts außer der Tatsache, dass ich an einem anderen als einem der oben genannten Orte bin. Es gilt also, weiter von hier aus die Dinge zu betrachten: Der Baum macht meinen Balkon zu einer lauschigen Laube. Äste wiegen sich sanft im Wind. Ab und zu blinkt es sonnengelb und himmelblau dazwischen auf, und das Schönste ist das sanfte Rauschen und leise Rascheln der Blätter, wenn der Wind sie in Bewegung versetzt. Wie schöne Musik. Ich selbst mache selten Musik an. Es ist dann nämlich doch nie die, die ich gerade hören will, und dann weiß ich nicht mehr, was ich überhaupt hören will, und dann werde ich nervös. Besser, wenn mir andere ihre Musik aufdrängen. Dann kann ich mich wahlweise freuen, weil es genau die Musik ist, von der ich nicht wusste, dass ich genau die gerade hören möchte, oder mich ärgern, dass mir jemand gerade mal wieder seine Musik aufdrängt. Es gibt so viele rücksichtslose Menschen. Und es gibt ein rücksichtslos großes Angebot an Musik. Man überschreitet eventuell den Bereich der natürlichen Zahlen. Die Differenz kann negativ sein.

Da ist wieder ein leichter Wind, und ich schließe die Augen, weil es so schön ist. So ein sanfter Wind, so ein schönes Rauschen im Blätterwald. Ich kann jetzt einfach aufhören zu denken und einfach genießen. Wenngleich es komplex ist: Hier ist es jetzt so schön, weil es theoretisch auch hier jetzt so schrecklich sein könnte wie woanders gerade in diesem selben Moment. Gibt es in Aleppo oder in Pjöngjang auch gerade für jemanden so einen Moment: Sanfter Wind, Blätterrauschen, ein gemütlicher Stuhl auf dem Balkon oder der Terrasse? Ist es dann genau dieser selbe Moment? Sanfter Wind, Blätterrauschen, ein gemütlicher Stuhl? Sitzt vielleicht in Aleppo gerade jemand auf einem Stein, unter einer Dattelpalme, sanfter Wind, Blätterrauschen? Gibt es in Aleppo überhaupt Dattelpalmen? Ich bin nicht sicher, aber ich könnte jeder Zeit nachsehen. Sicher ist, dass ein sanfter Wind um die Nase auch in Aleppo ein sanfter Wind um die Nase ist.

Ich sehe nach oben. Schwer zu glauben, dass aus dem gleichen herrlich blauen Himmel mit diesem einen blütenweißen Wolkenbausch, aus diesem grenzenlosen, wunderbaren Himmel über mir, woanders gerade Bomben geworfen werden. Auf Dattelpalmen, Grashalme, Käfer, die gerade Schatten suchen, Hunde, die gerade Katzen jagen, Kinder auf Drehplatten, Balkons, die um diese Jahreszeit am schönsten sind. Auf Menschen, die gerade Wasser holen für die Gärten der Welt.

Ich lehne mich vor, und mein Blick fällt auf eine winzige Ameise, die etwas schleppt, das größer ist als sie selbst. Ich bin so gesehen gar nicht woanders, als da, wo das gerade geschieht. Ich bin unter dem gleichen Himmel, mein sanfter Wind ist vielleicht dort entstanden. In Aleppo ist vielleicht gerade die Dattelpalme, nachdem ich sie gegoogelt habe, in einen von hier betrachtet sehr kleinen, winzigen Krater gestürzt, was zur Folge hat, dass die kleinen Grashalme und Käfer beinahe zeitgleich verkohlen, Hund, Katze, Mensch tot. Blut, Matsch, Knochen. Der sanfte Wind trägt ein wenig Rauch in die Umgebung und dann ist es wieder still. Vielleicht stürzt auch gerade ein Balkon, der um diese Jahreszeit am schönsten ist, weil die Dattelpalme, die neben ihm in die Höhe schießt, so wundervoll Schatten spendet, in die Tiefe, mitgenommen von einem Haus, das in sich zusammenfällt. Der sanfte Wind trägt ein wenig Staub in die Umgebung und den Nachhall einer Explosion, ein Zischen vielleicht, ein melodisches Klickerklacker nachbröckelnder Steine.

Meine vorgereckte Haltung führt zu unangenehmen Verkrampfungen, und ich lehne mich also wieder zurück. Allmählich kommen die Kinder wieder. Das rhythmische Knallen eines Lederfußballs, der in das Gitter des Bolzkäfigs getreten wird. Lachen, Streiten, das metallene Geräusch der Röhrenrutsche, wenn die Kinder Steine, Holz oder ihre Brotbüchsen hinuntersausen lassen. »Achtung, jetzt kommt eine Brotbüchsenbombe!« In der Kirche nebenan übt die Organistin. Wir sind nur Gast auf Eeeerden. Ich kenne das Lied aus einer anderen Zeit. Als ich Eltern um mich hatte, die sich ihrer Sache sicher waren im Vertrauen auf den guten Gott, dessen Tun unzweifelhaft ist, der die Wahrheit ist, und das Leben. Der ewigen Heimat zu, wo dann für alle alles gut ist, weshalb das hier – Fukushima, Aleppo, Brotbüchsenbomben – gar nicht wichtig ist. Ich habe dann irgendwann meinen Eltern, die den Krieg gesehen haben, erklärt, dass ich es weitaus besser fände, an das zu glauben, was ich sehe, als an das, was ich gerne sehen würde.

Und jetzt sitze ich hier und sehe herzlich wenig. Dabei könnte ich meinen Computer hochfahren, hier auf meinen Knien auf dem Balkon, und könnte mich über den Zustand wo auch immer informieren. Ich könnte Dattelpalmen googeln und herausfinden, wie ein Katalysator funktioniert. Zwischendurch ein Häkchen bei campact setzen gegen die Privatisierung des Trinkwassers in meiner Heimatstadt. Ich kann mein T-shirt made in Bangladesh wütend in die Tonne pfeffern und fair gehandelten Kaffee zum dreifachen Preis kaufen. Herr, Deine Liiiebe ist wie Gras und Ufer. Ich kann aus Gründen der Solidarität Muslima werden. Ich kann meine Musik anmachen, lauter als die Orgel von nebenan, und hören, was ich will.

Ich beschließe, mich einmal bewusst der Akustik der Außenwelt zuzuwenden, und beginne zu zählen, wie viele Martinshörner ich innerhalb der nächsten zehn Minuten höre. Es sind drei. Auch bei uns stirbt man. Kein Grund, kitschig zu werden.

Monika Severith
NEWS ON TOUR

Mack öffnete die Haustür, steckte den Kopf hinaus und schloss die Tür wieder. Regen und Sturm. Das bedeutete die volle Montur: Regenhose, Gummistiefel, Ostfriesennerz. Er kleidete sich ein und zog sich noch im Flur die Kapuze über. Er steckte die Schere in die Jackentasche, streifte sich die Stirnlampe über den Kopf und stellte sie an. Das kalte weiße Licht zeigte auf einen Weberknecht an der Wand.

Mack holte die Karre aus der Garage. Der Regen peitschte ihm ins Gesicht und die Plastikräder ratterten über den Asphalt. Die Lautstärke schmerzte fast genauso in seinen Ohren wie die Lkws, die tagsüber durch die Schlaglöcher an seinem Haus vorbei donnerten. Er dachte an das Bobbycar seines Neffen, das mit Flüsterreifen ausgestattet war.

Das Licht der Stirnlampe strahlte auf den silbernen Bügel der Karre, wo einige Regentropfen um die Wette glänzten. Kurz fragte Mack sich, ob Regentropfen Gefühle hatten und wenn ja, welche. Wasserperlengefühle, zittrig und kurzlebig.

An der Bushaltestelle lagen die Pakete. Der Wind hatte die Plastikfolie von dem Zeitungsstapel gefetzt. Wenigstens lagen keine Prospekte obenauf. Der Zustellerhinweis war bereits völlig durchnässt. Mack biss die Zähne zusammen, während er die Schere aus der Jackentasche zerrte, um die gekreuzten Plastikbänder durchzuschneiden. Ein Band schnalzte ihm prompt gegen den Zeigefingerknöchel. Ein kurzer Schmerz durchzuckte ihn. Dann nahm er den nassen Zettel und las die tägliche Kurz-Info der Verteilerorganisation. Achtung, wichtige Zustellerhinweise: Bitte beliefern Sie ab heute: Josefine Althaus, Akazienweg 13, Alexander Schmieder, Raiffeisenstraße 9. Schmieder! Vor 14 Tagen hatte er »die Allgemeine« doch erst abbestellt! Mack las weiter: Bitte beliefern Sie ab heute nicht mehr: Henriette Meier, Wilhelm-Busch-Straße 23, Arnold Peckstein, Enge Gasse 12, Susanne Aderhold,

Dohlenweg 1. Die Abonnenten wurden täglich weniger. Mack knüllte den durchnässten Zustellerhinweis zusammen und steckte ihn ein. Dann belud er die Karre mit den Zeitungsbündeln.

Mack nahm acht Zeitungen und legte sie sich über den Unterarm. Das Titelblatt war aufgeweicht. »Rollende Steine« entzifferte er eine Überschrift. Zuerst fielen Mack die Rolling Stones ein, dann dachte er an eine Lawine.

Er erreichte den ersten Briefkasten, der ihm der liebste von allen war. Weiß, mit goldenem Posthorn und einem Einsteckschlitz unterhalb des Kastens, klassisch und unkompliziert.

Bei Hausnummer 5 hing innen am Zaun eine Zeitungsrolle. Auch gut. Dann musste er nicht bis zur Haustür. Der Regen rann über seine Finger und Mack bereute, dass er keine Handschuhe mitgenommen hatte. Irgendwo schlug eine Plastikplane im Wind. Das Wetter hatte die Morgenstille verjagt.

Die drei Wolken, unten auf der Titelseite waren grau. Zu jeder gehörten vier blaue Regentropfen. Drei davon hingen unten an der Wolke, aber nur ein Tropfen schwebte frei. Es war immer derselbe, der zweite von links.

Mack bog in die Raiffeisenstraße. Spärlich beleuchtete der Lichtkegel der Stirnlampe die Waschbetonplatten vor Schmieders Haus. Gerade als Mack einen Fuß auf die Treppenstufe setzen wollte, ging der Bewegungsmelder an. Gleichzeitig begann etwas zu quaken. Mack blieb stehen und schnappte nach Luft. Auf der obersten Treppenstufe hockte ein Plastikfrosch mit einer LED Lampe im Maul und glotzte ihn dämlich an. »Schmieder, du Depp!«, dachte Mack, ist das deine Rache? Grob zwängte Mack die Zeitung durch den Briefschlitz. Drinnen klatschte sie auf den Fliesenboden. Dann schlug die Briefkastenklappe viel zu laut zu. Mack hoffte, dass Schmieder davon wach wurde. Schmieder, der Siegen gewohnt war, aber im letzten Spiel Macks Blattstärke unterschätzt hatte. Schmieder, der die Karten auf den Tisch geworfen hatte und wortlos aufgestanden und hinaus gestürmt war. Schon am nächsten Tag hatte Mack Schmieder nicht mehr beliefert und jetzt das! Mack schüttelte den Kopf. Schmieder war und blieb ein Kindskopf!

Wenn nur der Wind nicht wäre. Eisig kroch er Mack unter die Haut, trotz der Thermounterwäsche. Das Ziehen der Karre wurde mit jedem Schritt mühsamer. Als er die Hauptstraße belieferte, fiel ihm ein, dass er den Neuzugang im Akazienweg vergessen hatte. Ein Zeitverlust, den er nicht würde aufholen können. Er ließ die Karre stehen und beeilte sich.

Als er wieder zurückkam, bellte ein Hund. Ja! Mack wusste sofort, welcher es war. Es gab nur einen, der mit seinem Frauchen um diese Zeit an der Ecke Neustadt unterwegs war. Der Mischling Lola von Maria Hase. Am Ende der Straße sah er den unruhigen Lichtschein ihrer Taschenlampe. Jaja, ich komme, murmelte Mack, aber zuerst erledige ich die Straßenseite. Zeitung raus, einmal Knick, zweimal Knick, einstecken. Zeitung raus, einmal Knick, zweimal Knick, einstecken.

Maria Hase leuchtete Mack direkt ins Gesicht. »Endlich, da bist du ja! Spät heute«, empfing sie ihn. Mack schwieg. Was sollte er sich erklären? Oder dem Wetter die Schuld in die Schuhe schieben? Lola sprang an ihm hoch und Mack streichelte dem Hund das nasse Fell. Nass, nasser, am nassesten. Oder nass, nässer, am nässesten? Die Steigerungen klangen alle komisch. Vielleicht ging das grammatikalisch nicht, sondern nur gefühlt.

Maria Hase schenkte ihm ein Lächeln. Ein zahnloses Lächeln. Eigentlich mutig, dass sie überhaupt den Mund aufmacht, fand Mack. Während er ihr die Zeitung überreichte, wehten einige Seiten auf. Mack las: Blitz und Dübel. Ein Nachruf. Abgebildet eine Schraube im grauen Dübel mit Sperrzungen. Angeblich durfte niemand Artur Fischer Tüftler nennen, sondern nur Erfinder. Mack wäre auch gerne Erfinder geworden. Seine neuste Idee hatte er dem Wäschetrockner zu verdanken. Genauer gesagt: Den Flusen im Flusensieb. Mack sammelte sie. Er sammelte sie in gelben Säcken. Eines

Tages würde er sie als Wärmedämmung anbieten und dann, dann würde er seine Idee zum Patent anmelden. Aber vorerst behielt Mack die Idee für sich. Irgendwann würde er Schmieder einweihen, denn Schmieder hatte Beziehungen. Schmieder hatte früher der Friseursalon im Ort gehört, der einzige und letzte, mit einem hängenden Blechteller neben der Tür.

Die Kirchturmuhr schlug. Mack zählte mit, obwohl er natürlich wusste, wie spät es war. Die Laternen begannen zu flackern. Er schaltete die Stirnlampe aus, behielt sie aber als Befestigung für die Kapuze noch auf. Dann ließ er die Karre stehen, überquerte den Hof mit dem buckligen Kopfsteinpflaster, um zum schlimmsten aller Briefkästen zu gelangen. Eine gelb angestrichene, fünf Liter Milchkanne, die waagerecht an der Hauswand hing. Wie immer klemmte der Deckel und Mack brauchte zum Öffnen beide Hände. Die Zeitung war jetzt nicht mehr nur nass, sondern auch geknickt. Mack las: Was tun gegen Bore-out und konnte damit nichts anfangen. Aus Prinzip ließ Mack den Deckel des Milchkannenbriefkastens offen. Die Kette, an der der Deckel befestigt war, baumelte herunter und schlug gegen die Fassade. Plong-Plong-Plong. Guten Morgen allerseits!

Autos fuhren jetzt in beiden Richtungen und Mack wollte nur noch nach Hause. Irgendwann erreichte er den letzten Briefkasten. Er war voll mit Aufklebern: Yoda, die Eiskönigin, der Schneemann Olaf, Atomkraft nein danke, legalize Hanf, bitte keine Werbung. Da kam plötzlich ein Mann aus dem Haus geschossen, barfuß und im Morgenmantel: »Wie lange soll ich denn noch warten!«

Mack hatte den Mann noch nie gesehen. Ein Zugezogener vielleicht? Der Barfüßige riss Mack das Blatt aus der Hand und verschwand im Haus. Sprachlos stand Mack da. Es dauerte einen Augenblick, bis er die Wut in sich aufsteigen spürte. Dann traf irgendwie alles zusammen: Die Nässe, die feuchten, kalten Hände und seine Unlust. Er hatte keine Lust mehr, Zusteller zu sein, Nachrichtenüberbringer,

Mindestlohnempfänger. Er mochte keine Frühaufsteher, Gassigeher, Hinterdemvorhanggaffer, keine Bewegungsmelderfrösche und undankbare zugezogene Zeitungsleser. Und Mack trat gegen seine Karre, einmal, zweimal bis sie schließlich auf die Straße kippte und in einer Pfütze landete. »Scheiße, Mann!«, brüllte er, als hinter ihm ein Lkw bremste, aber Mack störte das nicht und der Lkw-Fahrer verzichtete auf ein Hupkonzert.

Als Mack endlich zuhause ankam, dämmerte es. Der Wind hatte ein wenig nachgelassen, der Regen nicht. Mack wischte sich die Tropfen aus dem Gesicht, verstaute die Karre in der Garage, nahm sich sein durchnässtes Freiexemplar und zog sich vor der Haustür den Ostfriesennerz und die Regenhose aus. Die Jeans waren nass, seine Oberschenkel kalt und feucht. Die Regenhose also undicht. Er öffnete die Haustür, aber bevor er eintrat, streifte er sich die Gummistiefel ab. Die hatten dicht gehalten.

Mack setzte Kaffee auf und im Badezimmer betrachtete er sich im Spiegel. Sein Gesicht war von der Druckerschwärze und vom Regen verschmiert, die Hände sowieso. Er hätte auch als Schornsteinfeger durchgehen können. Gründlich wusch er sich das Schwarz ab. Dann setzte er Kaffee auf und dachte an früher, als er zu Weihnachten noch Geschenke bekommen hatte. Briefe mit Karten und Geldscheinen, selbst gemachte Plätzchen, Pralinen oder eine Mettwurst aus eigener Herstellung.

Auf dem Küchentisch breitete Mack »Die Allgemeine« aus und begutachtete die Bescherung. Nässer ging kaum. Viele Worte hatten Buchstaben eingebüßt: Fr uen, die auf Pup en ste en und statt Beschränkung stand da nur noch Schränkung, aber seltsamerweise mit einem großen S und von Flüchtling war nur noch Flüling übrig.

Der Sportteil, in dem auf der ersten Seite Wunder beschrieben wurden, klebte mit dem Wirtschaftsteil so fest zusammen, dass Mack sie nicht auseinander bekam. Über der Spüle wrang er die Teile aus, dann warf er den Klumpen in den Biomülleimer.

Dann las er, dass mit den rollenden Steinen weder die Rolling Stones noch eine Lawine gemeint war, sondern die Produktion eines Rollstuhls aus Legosteinen. Auf Mack machte das abgebildete Legomännchen nicht den Eindruck, als sei es behindert. Es saß einfach nur mit beiden Beinen in einem Rollstuhl. Aber die Behinderteninitiativen machte das Gespann glücklich. Ein weibliches Pendant wird es vorerst nicht geben, hieß es im letzten Satz des Artikels. Und Mack las, dass die Kurvendiskussion ein Ende hatte, denn im Frühjahr würde die Barbie auch in Normalo-Figur auf den Markt kommen. Und er las weiter: Loipe in die Unendlichkeit, Beste Plätze für Himmelsgucker, Ranzenverkauf im Autohaus, die Digitalisierung zerlegt die alte Welt in ihre Bestandteile und setzt sie neu zusammen – das genügte. Mack nahm einen Schluck Kaffee und verbrannte sich prompt dabei die Zunge.

Ulla Steuernagel
OYAKATA

Das Messer war ihr zugestoßen. Erst sah sie die silbernen Puzzlestücke auf dem Waldboden. Nachdem sie die Blätter weggeschoben hatte, lag es vor ihr. Finden, ohne gesucht zu haben, war nicht ihr Ding. Doch das Messer wollte mitgenommen werden, deshalb steckte sie es ein.

Das Messer hatte sie getroffen und nicht umgekehrt. Der Wald verwirrte sie, seine Ruhe war nicht ihre und seine Ordnung auch nicht. Später dachte sie, sie hätte das Messer liegen lassen sollen, es wäre ein Orientierungspunkt gewesen. Sie hätte auf dem Rückweg nach ihm suchen können, so hätte sie den Wald weniger gemerkt.

Sie suchte oft, und oft fand sie das Gesuchte auch. Sie liebte es sogar, etwas vor sich selbst zu verstecken. Ihre Art der Ablage war eine Verhöhnung jeder Büroorganisation. Eine Datei anklicken und ein gewünschtes Dokument herausfischen, langweilte sie. Einen Namen suchte sie über drei andere, auch Jahre lagen für sie nicht gleichmäßig portioniert und griffbereit da. Sie mussten immer über die großen Ereignisse: eine Geburt, einen Krieg oder einen Autokauf ermittelt werden. Die einzige Kartei, die sie systematisch geführt hatte, hatte sie vor ein paar Jahren auf den Kopf gestellt und ausgekippt. Es war die formlose Beerdigung jahrelanger Arbeit in der Mülltonne gewesen. Das geschah ohne Trauer, ohne Dramatik, ein nicht spürbarer Einschnitt.

Das Messer war lang. Es hatte einen dunklen Kunststoffgriff mit fünf Kuhlen. Sollte sein Besitzer seine Hand darin ruhen lassen? Die schmale Klinge hatte Piranha-Zähne. War das Messer überhaupt ein Messer?

Sie googelte das Wort, das auf dem Griff stand. Wie gut, dass Gegenstände ihre Namen auf dem Körper trugen, dachte sie dabei. Das Messer hieß »Oyakata«. Sie sah japanische Küchenmesser mit Klingen wie Kimono-Ärmel vor sich. Neben solchen Klingen wirkten die Griffe wie Ärmchen. Mit japanischen Messern konnte man Gemüse häuten und tranchieren. Oyakata könnte das nicht, Oyakata würde ein Massaker anrichten. Oyakata war auch kein Messer. Sie fand heraus, dass es eine »verschleißfeste Oyakata Profiklappsäge« war.

Sägen war ihr fremd. Sie wusste immerhin, wie Sägen nicht ging: Niemals das Werkzeug ins Material pressen, sägen musste man mit leichter Hand. Es überraschte sie nicht, als sie las, dass die japanische Sägetechnik eine andere war als die deutsche. Während die westliche Säge vom Körper weg geschoben wurde, sollte die östliche Säge zu ihm hin gezogen werden. Schieben war deutsch, Ziehen japanisch. Die japanische Sägetechnik erinnerte an Judo. Judokämpfer nutzten die Kraft und den Schwung des Gegners für sich selbst aus, sie schonten die eigenen Kräfte.

»Da die Kraft also beim Ziehen aufgewendet wird, entfällt die Gefahr der Stauchung des Blattes, welches daher auch dünner ausgeführt werden kann.« Dies las sie in einem Sägeexperten-Blog. Die Vorstellung eines gestauchten Sägeblattes war ihr ähnlich unangenehm wie die eines abgeknickten Fingernagels.

O-Y-A-K-A-T-A, sie ließ das fremde Wort auf sich wirken. Es könnte eine Frucht sein, eine Kampfsportart oder eine Knüpftechnik. Im Internet wurden Rätsel immer enttäuschend schnell gelöst. »Oyakata« werde fälschlicherweise oft mit »Meister« übersetzt, aber es bedeutete eher nach »Art des Vaters«. Eine oder ein Oyakata war also ein Stück japanischer Tradition.

Was auch immer sie mit Japan assoziierte, es hatte mit Tradition zu tun. Je weiter man von etwas weg war, desto näher rückte seine Folklore. Doch wie viele Jahre brauchte eine Tradition, um Tradition zu werden? Es brauchte mindestens zwei Generationen zur Herstellung einer Sägetradition: eine Generation, die die Säge schuf, und eine, die von ihr lernte, das Ding zu erschaffen und einzusetzen. Wann aber sprang das Generationen-Zählwerk auf die nächste Zahl? Immer wenn der durchschnittliche Altersunterschied zwischen Eltern und Kind verstrichen war.

Weibliche und männliche Traditionen wurden mit verschiedenen Uhren gemessen. Wegen der unterschiedlichen Heiratsalter von Mann und Frau gab es eine schnellere Mutterlinie und eine langsamere Vaterlinie. Während die Mutterlinie schon in der zehnten Generation angekommen war, war die Vaterlinie gerade bei neun. Für diese Information nahm sie sich vor, Wikipedia Geld zu spenden.

Oyakata sah sie auf der langsameren Vaterlinie. Oyakata war gewiss ein männliches Werkzeug. Doch dann las sie die japanischen Vornamens-Regeln. Endeten die Namen mit -ro, -shi, -ya, -to oder -o, waren sie männlich. Weibliche Namen verrieten sich an den Endungen -ko, -ta, -ki, -mi, -e und -yo. Sie hatte sich also getäuscht: Oyakata war weiblich.

Sie las Oyakatas Beschreibung und war besonders von einem Satz angetan: »Für geringe Reibung und saubere Schnittflächen sind die Blätter hinterschliffen und nicht geschränkt.« Es klang perfekt, man konnte mit der Hand über die Wörter streichen, ohne daran hängen zu bleiben. »Hinterschliffen und nicht geschränkt.« Sie hatte den Eindruck, dem Sägewesen langsam gewachsen zu sein.

Sie liebte die Expertensprache. Sie las gerne Bedienungsanleitungen, sie erlaubten ihr Blicke in unbekannte Welten. Dabei versuchte sie nicht, die Anleitungen zu verstehen. Darauf kam es ihr nicht an. Sie gaben ihr das Gefühl einer allumfassenden Erklärbarkeit. Sie sah, wie sich ein Ding ins andere fügte, sie sah einen schönen großen Knäuel.

Auch wenn sie sich schmutzig oder schuldig fühlte, las sie Bedienungsanleitungen. Zur inneren Reinigung. Einmal pickte sie das Wort »Entnahmematerialien« aus einem langen Beipackzettel heraus. »Entnahmematerialien« war ein großartiges Versteck für Blut, Fruchtwasser, Sperma oder Scheiße. Jeder Mensch war Hersteller des Entnommenen und zugleich Entnahmebehälter. Die Welt der Entnahmematerialien war ein Ort mit sauberen Schnittflächen.

Ihre Säge hatte keine Schränkung. Sie war froh, dass sie weder Einschränkung noch Verschränkung oder gar Beschränkung kannte. Hinterschliffen klang eleganter. Eine Säge mit Hinterschliff hatte es nicht nötig, ihre Zähne grob ins Holz zu hauen. Sie war eine Säge fürs Feine. Wie umständlich wäre es dagegen zu sagen, die Blätter seien hinten geschliffen. Hinterschliffene Werkzeuge seien von außerordentlicher Qualität, las sie. Besonders wenn die Blätter eine »impulsgehärtete Trapezverzahnung« aufwiesen. Impulshärtung stellte sie sich als Eisbad vor, das die Säge verschleißfest machte.

Wie lange konnte eine verschleißfeste Säge gegen den Verschleiß ankämpfen? Das Wort verhieß, für immer. Oyakatas Lebenserwartung war sicher höher als ihre eigene, aber ein ewiges Leben, das traute sie auch der Säge nicht zu.

In welchem Verhältnis stand Verschleißfestigkeit zur Ewigkeit? Gab es eine deutsche Industrienorm für ewiges Leben? Sie entdeckte eine für Verschleiß und das allmähliche Verschwinden von Körpern. Sie hieß »DIN 50320«. Verschleiß definiere sich dadurch, dass ein fester Körper durch Kontakt mit einem anderen festen, flüssigen oder gasförmigen Körper allmählich verschwinde. Wenn ein Ding Widerstand gegen solche Angriffe zeigt, dann gilt es als verschleißfest. Verschleißfest war nur ein anderes Wort für sterblich.

Sie empfand die Anwesenheit der Säge allmählich als Belastung. Sie entschied, sie wieder auszusetzen. Sie schrieb: »Verschleißfeste, kaum gebrauchte Oyakata-Säge mit hinterschliffener Zahnung, Blattstärke 1 mm zu verkaufen.« Und weil sie auch ein persönliches Zeugnis ablegen wollte, schrieb sie: »Sie macht, was sie soll.«

Der Zusatz, so fand sie, schuf Vertrauen. Säge-Käufer mochten es vermutlich, wenn ihnen eine Säge wie ein Hund gehorchte. Bei »Sofort-Kauf« 15 Euro plus Porto, schrieb sie.

Es fand sich ein Käufer, sie verschickte die Säge. Zwei Wochen später lag sie wieder in ihrem Briefkasten, das Kuvert war leicht aufgerissen, Teile der Säge blitzten unter der Folie hervor. »Adresse unbekannt« stand auf dem Päckchen. Warum hatte sie nicht einen falschen Absender genannt? Sie schaffte die Säge in den Keller, in einen Schrank mit Gartenhandschuhen, Lüsterklemmen, Papiergirlanden und Dübeln.

Sie starb an einem Montag im Winter. Sie hatte den Tod nicht gesucht, aber er hatte sie gefunden. Sie hatte immer gedacht, man brauche Mut zum Sterben, so als müsste man von einer Klippe springen. Doch dann war es ganz einfach, sie brach zusammen und war sofort weg. Sie starb drei Tage, bevor sie ihre Werte aus dem Labor bekam und bevor sie erfahren hätte, wie nah sie dem Tod war. Mit ihrem vorgezogenen Tod betrug ihr Restleben minus drei Tage. Sie wurde im Friedwald bestattet und war nun die Beschriftung eines Baumes.

Die Säge fand sich vier Monate später in dem Schrank. Oyakata war in bester Form, sie biss sanft in einen Ast, das Holz surrte an ihren Zähnen vorbei und der Ast fiel herunter.

Kurz-Info: Der Baum stand nicht im Friedwald, und die Säge blieb nicht im Wald liegen. Es wäre ohnehin kein passender Einsatz für sie gewesen. Für alten Baumbestand empfiehlt sich eine Kobiki Astsäge 300 oder 330. Dabei handelt sich um eine sehr robuste Säge für mobile Waldarbeit. Ihre Blattbreite beträgt 40 mm, Blattstärke 1 mm, Schränkung 1,5 mm, Blattlänge 300 mm, Gesamtlänge 450 mm, Trapezverzahnung 3,2-4 mm. Der Neupreis ist mit 33,90 Euro auch nur halb so hoch wie der einer Oyakata.

Ralf Thies
Finnische Architektentasche, japanische Zugsäge

Die Frau, für die ich mich neuerdings interessiere, heißt Bär. Muss man von einer Frau, die Bär heißt, jeden Moment eine gewisse Triebhaftigkeit erwarten, um nicht zu sagen eine animalische Wildheit? Gott bewahre. Monika Bär wohnt schräg über mir im dritten Stock und ist ein jederzeit freundlicher und hilfsbereiter Mensch. Und nein, sie ist nicht übermäßig behaart, jedenfalls nicht an den Körperteilen, die ich bislang von ihr in unbekleidetem Zustand gesehen habe. Sie ist ungefähr vierzig Jahre alt und geschieden. Heute Nachmittag stand ich ihr im Treppenhaus gegenüber, zwischen uns die Schwelle zu ihrer Wohnung, und wir fachsimpelten über japanische Zugsägen. Jetzt stehe ich in Unterhosen vor dem Spiegel und flüstere: »Ich wünsche mir eine Geliebte.«

Nichts erregt mich mehr, als eine Frau, die ihr Leben auf Schienen gesetzt hat. Die genau weiß, in welche Richtung sie unterwegs ist. Und doch segele ich meist mit Frauen los, die in ziemlich brüchigen Kähnen sitzen. Kein Ruder, kein Anker, kein Kompass. Zugegeben, ich habe jede Menge Spaß mit ihnen, aber unter den Füßen nur schwarzes, unruhiges Wasser. Manchmal mache ich mir Sorgen um mich selbst.

Mein vorerst letzter Versuch, mich auf die sichere Seite zu schlagen, liegt einige Monate zurück. Ich hatte auf dem Flohmarkt eine gebrauchte Umhängetasche aus hellbraunem Leder gekauft, die absolut perfekt über meiner Schulter hing, ich wollte sie gar nicht mehr ablegen. Das besondere an dieser Tasche waren aber die vielen Fächer. Ich hatte noch nie eine Tasche mit so vielen Fächern in so unterschiedlichen Formen und Größen gesehen. Und auf dem Innenfutter der Tasche hatte die Vorbesitzerin mit Filzstift ihren Namen und ihre Telefonnummer notiert. Kathi Jokipakka, so hieß sie. Ich las den Namen und wusste sofort: Sie ist eine Finnin! Ich stellte mir Kathi Jokipakka folgendermaßen vor: Schlank, blondes Haar, schmales, vielleicht etwas sommersprossiges Gesicht. Ich mag schlanke Frauen mit blondem, fast weißem Haar. Wenn ich die Augen schloss, sah ich sie deutlich vor mir. Und ich sah finnische Birkenwälder und einen See, über den zwei wilde Enten hinwegflogen, und dann wieder die blonde Kathi, wie sie allein im Dampfbad saß und eine melancholische Zigarette rauchte.

Drei Tage dachte ich an Kathi Jokipakka, dann war ich mir sicher: Es konnte kein Zufall sein, dass diese Tasche zu mir gefunden hatte, es war ein Zeichen.

Ich rief die Telefonnummer an und tatsächlich meldete sich Kathi Jokipakka. Ich beschrieb die Tasche, und sie bestätigte, dass sie ihr gehört habe. Es handele sich um eine spezielle finnische Architektentasche, sagte sie mit einer angenehm ruhigen Stimme, sie sei nämlich Architektin und lebe in Turku, im Südwesten Finnlands. Die vielen Fächer seien genau zugeschnitten für die Papiere, Stifte und sonstigen Utensilien, die eine Architektin ständig bei sich tragen müsse, erklärte sie. In dieser Tasche habe jedes Ding sein Fach gehabt. Ihr Zirkelkasten, ihr Nokia-Handy, sogar ihr Lieblings-Radiergummi habe sein eigenes, festes Fach besessen. Und ich dachte: Wäre es nicht herrlich, wenn nicht nur jedes Ding, sondern auch jeder Mensch sein festes Fach hätte, wo er hingehört?

»Diese Tasche«, sagte Kathi Jokipakka, »ist mir vor etlichen Jahren verlorengegangen. Und nun taucht sie so weit entfernt wieder auf. Das ist erstaunlich.«

»Ja«, sagte ich »und es kann kein Zufall sein, dass diese Tasche ausgerechnet zu mir gefunden hat. Es ist ein Zeichen.«

Darauf lächelte sie still vor sich hin, das heißt, ich nahm an, dass sie lächelte, jedenfalls schwieg sie ein Weilchen. Schließlich sagte sie, bedauerlicherweise habe sie nicht die Zeit, um weiter mit mir zu plaudern. Doch sie freue sich, ihre alte Tasche in den Händen eines so netten Mannes zu wissen. Natürlich sagte sie nicht »nett«, sondern *nice*, denn wir unterhielten uns auf Englisch.

Noch lange nach dem Gespräch hielt ich Kathi Jokipakkas Architektentasche im Schoß. Am liebsten wäre ich hineingekrochen, hätte mir eines der vielen Fächer mit Kissen und Decken ausgepolstert und es mir darin bequem gemacht. Ich dachte: Jemand, der so eine Tasche besessen hat und sich noch heute haarklein an sie erinnern kann, muss ein wunderbar aufgeräumtes Leben führen. Kathi Jokipakka ist eine Frau, die auf Schienen fährt und weiß, wohin sie will. Und ich stellte mich in Unterhosen vor den Spiegel und flüsterte: »Ich will auch so ein wunderbar aufgeräumtes Leben führen. Ein Leben wie eine finnische Architektentasche.«

Gleich am nächsten Tag rief ich Kathi wieder an.

»Ich habe ein Geschenk für dich«, sagte ich. »Es ist deine Tasche. Schon bald werde ich nach Turku reisen und sie dir persönlich überbringen.«

Es war ein Wagnis, aber ich meinte es vollkommen ernst. Ich bat sie, mir doch bitte ihre genaue Adresse mitzuteilen. Ich liebte Kathi bereits ein wenig und malte mir aus, wie wir beide im Dampfbad saßen, eng aneinander geschmiegt, nackt, während draußen riesige Schneeflocken durch den Birkenwald trieben. Sie antwortete mit einem Wort, das wohl finnisch war, jedenfalls verstand ich es nicht. Dann schwieg sie, und ich hörte nur noch das Rauschen der Leitung. Je länger Kathi schwieg, desto trauriger und machtvoller rauschte die Leitung und desto weiter entfernte sich Turku. Wie viele Kilometer sind es bis Turku? Tausend? Zweitausend?

»Kathi!«, rief ich ins Telefon hinein, aber es kam nichts zurück. Es war ein Wettkampf. Es ging darum, wer das Rauschen länger ertrug. Ich gewann. Sie legte auf.

Nach der Geschichte mit Kathi Jokipakka und der finnischen Architektentasche hatte ich einen Rückfall. Drei Nächte trieb ich mich mit einer vollkommen verwilderten Studentin herum. Wir segelten durch aufgewühltes Wasser, immer dem Sturm entgegen.

Dann trat Monika Bär in mein Leben. Monika Bär ist ungefähr vierzig Jahre alt, sie hat dichtes, braunes Haar und ist geschieden. Aber das sagte ich bereits. Heute Nachmittag klingelte ich also an ihrer Tür. Ich wusste, dass sie zu Hause ist. Monika Bär führt ein regelmäßiges Leben. Sie ist jeden Samstagnachmittag zu Hause.

»Frau Bär«, sagte ich, »ich möchte ein kleines Regal tischlern. Leider besitze ich keine Säge.«

Die Geschichte mit dem Regal hatte ich mir ausgedacht, weil Monika Bär eine Werkzeug-Frau ist. Ich habe sie einmal beobachtet, wie sie mit Eifer und großem Ernst einen Werkzeugkoffer durch unser Treppenhaus transportierte. Sie gehört zu jener Sorte moderner, robuster Frauen, die ihre Waschmaschine selbst reparieren und für jedes Problem das passende Werkzeug parat hat.

Sie überlegte nur kurz, dann empfahl sie mir eine kleine japanische Zugsäge. Die schneide besonders fein und sauber. Sie lief auch gleich los, so eine Säge zu holen. Aber halt! Sie lief nicht, nein, sie glitt. Wie auf Schienen glitt sie durch den Flur und in das Zimmer hinein, in dem ihr Werkzeugkoffer stand. Aber bevor sie mir die japanische Zugsäge überreichte, fachsimpelten wir. Das muss ich akzeptieren lernen. Auch wenn es mir nicht gefällt, in Zukunft werden viele unserer Gespräche reine Fachsimpeleien sein.

»Das besondere an japanischen Zugsägen«, sagte Monika, »ist das Verhältnis von Blattstärke und Schränkung. Sie wissen, was Blattstärke und Schränkung bedeuten?«

Natürlich wusste ich es nicht. Aber ich wollte es unbedingt von ihr hören.

»Schauen Sie her, ich zeige es Ihnen. Wir nehmen jetzt einmal an, dass ich eine japanische Zugsäge bin. Meine Beine sind die Sägezähne, mein Oberkörper ist das Sägeblatt.« Sie spreizte ihre Beine und straffte sich. Sie zog ihren Bauch ein, sie hat leider einigen Bauchansatz. »Bei japanischen Zugsägen ist die Blattstärke gering. Das Sägeblatt also besonders dünn.« Sie zeigte auf ihren Bauch und zog ihn noch weiter ein. Viel weiter ging nicht. »Und die Sägezähne sind geschränkt. Das heißt nach außen gespreizt. Nach rechts und nach links. So wie meine Beine. Schauen sie.«

Natürlich schaute ich hin, machte es ihr auch gleich nach, straffte mich und spreizte die Beine, verwandelte mich ebenfalls in eine japanische Zugsäge.

»Ja, genau«, rief sie. »Und jetzt stellen wir uns vor, dass der Boden unter uns das Holz ist, durch das wir sägen wollen. Die Sägezähne, also unsere Beine, schneiden durch das Holz, und weil sie geschränkt sind und damit breiter als unsere Oberkörper, können wir frei schneiden und klemmen nicht fest. Verstehen Sie?«

Ich verstand.

»Entscheidend sind die gespreizten Beine!«, rief sie.

Wir lächelten uns an. Wir waren zwei japanische Zugsägen, die sich anlächelten. Es war ein erotisch stark aufgeladener Moment, und ich wünschte mir, dass Monika und ich, jeder auf seiner Seite der Türschwelle, jetzt loslegen und mit gespreizten Beinen in den Boden hineinsägen würden. Jeder würde einen Spalt sägen, in dem er allmählich versinken und schließlich verschwinden würde. Immer weiter würden wir sägen, durch die drei Stockwerke und den Keller hindurch, bis tief in die Erde hinein, wo wir uns treffen und gemeinsam einen höhlenartigen Raum aussägen würden, mit niedriger Decke, aber groß genug für zwei Menschen, um sich bequem hinzulegen. Und dort würden wir ein intimes Fest feiern, nur Monika Bär und ich.

Das Regal habe ich getischlert. Seit einer halben Stunde steht es auf meinem Schreibtisch. Es ist mir gelungen. Die japanische Zugsäge schnitt zuverlässig, leicht und sauber. Nicht ein einziges Mal klemmte sie. Blattstärke, Schränkung, alles tadellos. Wenn mir doch im

Leben alles so gut gelingen würde wie dieses Regal. Warum kann ich nicht durch mein Leben hindurchgleiten wie eine japanische Zugsäge durch ein Stück weiches Holz? Frei schneidend, Späne werfend meine schnurgerade Bahn ziehen? Was wäre das für ein Glück!

Morgen ist Sonntag. Morgen werde ich Monika das Regal schenken. Vielleicht möchte sie es in ihrer Küche aufhängen und kleine Behälter mit Pfeffer, Curry und Paprika dekorativ darauf anordnen. Natürlich wird sie sich erst zieren es anzunehmen, mich aber schließlich doch in ihre Küche einladen. Und während ich ihr erzähle, wie perfekt die japanische Zugsäge in meiner Hand gelegen hat, und dass ich in solchen Dingen nicht an Zufälle glaube, werden wir gemeinsam die Küche inspizieren, um den idealen Platz für das Regal zu finden. Es wird Abend sein. Die tief stehende Sonne bricht durch die Wolken und bringt mit ihrem Licht die Küche zum Glühen. Ich trete sehr nah an Monika heran, und mit plötzlich ausbrechender Leidenschaft fasst sie mich an einer Stelle an, wo ich es niemals erwartet hätte. Und wie sie dann den Mund aufreißt, um ihre Zähne in meine Halsbeuge zu schlagen. Mag sie mich fressen. Ein Mindestmaß an animalischer Wildheit darf man von einer Frau, die Bär heißt, ja wohl erwarten.

Dorothee Kimmich / Philipp Alexander Ostrowicz
Kurz-Info Schränkung und Blattstärk. Ein Nachwort

Clemens Setz und Kathrin Passig, die zur Tübinger Poetik-Dozentur 2015 eingeladen waren, überlegten sich gemeinsam in einem Gespräch auf dem Tübinger Schlossberg das Thema des Würth-Literaturpreises 2015. Es ging hin und her, es wurde vorgeschlagen, verworfen, diskutiert, gelacht und schließlich ein Thema gefunden: *Kurz-Info Schränkung und Blattstärke* – das 27. Thema des seit 1996 ausgeschriebenen Schreibwettbewerbs.

Im Vorwort zu diesem Band beschreiben Setz und Passig, was ihnen selbst zu diesem Thema einfällt. Das von beiden gemeinsam geschriebene Online-Dokument ist Ausdruck eines unmittelbaren kreativen Prozesses der Assoziationen und des digitalen Dialogs miteinander. Passig beschreibt in ihrer ersten Tübinger Poetik-Vorlesung mit dem Titel *Schreibende Staatsquallen* die Möglichkeiten und die Veränderungen, die diese Form der digitalen Zusammenarbeit an einem Text mit sich bringt. Sie vergleicht die Verfasser, die gemeinsam an einem Text arbeiten, dabei mit »Staatsquallen«. Diese sind »ein Stock oder eine Kolonie aus einzelnen Polypen. Diese Polypen haben sich unterschiedlich spezialisiert, manche sind für Verteidigung oder das Einfangen von Nahrung zuständig, andere für die Verdauung, wieder andere für die Fortpflanzung.« Wie Staatsquallen schreiben mehrere Autoren so gemeinsam einen Text und tun dies aber nicht etwa am gleichen Ort über ein Manuskript gebeugt, sondern vielmehr verbunden durch das Internet – orts- und zeitunabhängig. Jeder trägt dabei etwas aus dem eigenen Spezialgebiet bei. Kathrin Passig schreibt in ihrer Vorlesung weiter: »Die Sätze, die meine Coautorinnen und Coautoren einbauen, kann ich nach kurzer Zeit nicht mehr von meinen eigenen unterscheiden. Schon seit dem ersten Buch ist es immer wieder vorgekommen, dass wir uns gegenseitig zu einem schönen Satz oder Argument beglückwünschen und dann zu hören bekommen ›Das ist nicht von mir, das ist von dir.‹« Texte haben also keine klar voneinander trennbaren Verfasser mehr, sondern die Verfasser »überlagern« gleichsam einander, jeder schreibt das, was er am besten kann, davon zeugt auch das Vorwort zu diesem Band. Wo Setz aufhört und Passig beginnt, ist kaum auszumachen. Wer genau wieviel zu diesem Text beigetragen hat und wer welchen Gedanken wohlmöglich zuerst geäußert hat, spielt keine Rolle in dieser Miniatur zum Preisthema, die sich mit dem Sägen beschäftigt und ein Kaleidoskop aus Literatur, Film und Alltagskultur ist.

Die Jury hat in dieser Runde drei Texte ausgezeichnet, die das Thema in ihrer jeweils eigenen Art umsetzen und im Gegensatz zum Vorwort von Einzelautoren verfasst sind. Kai Metzgers Text *Fuge Null und andere Einrichtungsideen*, der den ersten Preis erhalten hat, erzählt die Geschichte des Fotoreporters Johannes Gellert, der nach Jahren der aufrührenden Bildern aus Kriegsgebieten und als kritischer Starphotograph mit 40 seine Job an den Nagel hängt, um das Leben im Luxus zu genießen. Diese Wandlung vom Paulus zum Saulus wird von Gellerts Kollegen beschrieben, die in seine Wohnung eingeladen werden und diese dann verwüsten.

Stefan Habermann, dem der zweite Preis zuerkannt wurde, führt in seinem Text *Sägebild und Seelenbild* den Leser in die Welt des Verbrechens – die Säge wird zum Mord- und Folterinstrument, dabei reflektiert Habermann ironisch die eigene Autorschaft und die Rolle der Fiktion. Ermordet wird am Ende nur eine Silikonpuppe, der Autor wird zum Photograph, der diese täuschend echte Inszenierung aufnimmt.

Den dritten Preis schließlich erhält Klaus Gottheiner für seinen Text *Säge, Wald und Untergang*, ein Mikrogramm zur japanischen Kunst des Sägeschmiedens. Der Erzähler macht sich auf, um den berühmtesten aller Sägeschmiede zu treffen und erhofft sich von diesem eine Säge – der Text endet jedoch vor der Begegnung abrupt mit dem Tod des Erzählers in der Sickergruppe des Meisters.

Die Resonanz auf das von Kathrin Passig und Clemens Setz gestellte Thema war groß, mehr als 200 Texte wurden eingereicht. Dabei sind die Bezüge, die die Autoren in ihren Texten schaffen, verschieden und oft überraschend. Diese Anthologie enthält neben den drei oben beschriebenen Siegertexten zwölf weitere herausragende Texte aus dem Wettbewerb, die sich auf ihre jeweils ganz eigene Art mit dem Preisthema auseinandersetzen und einen breiten Querschnitt der eingereichten Manuskripe liefern.

Die Auswahl der hier publizierten Beiträge traf die Jury des Würth-Literaturpreises, der ausschließlich Texte in anonymisierter Form – mit einer Kennziffer versehen – vorgelegt wurden. Der Würth-Literaturpreis wird jährlich im Zusammenhang mit der Tübinger Poetik-Dozentur ausgeschrieben. Das Thema stellt der jeweilige Poetik-Dozent in seiner letzten Vorlesung. Zur Teilnahme aufgerufen sind jedoch nicht nur die unmittelbaren Hörerinnen/Hörer der Poetik-Dozentur, sondern alle Autorinnen/Autoren, die sich literarisch-produktiv mit diesem Thema auseinandersetzen wollen. Der Würth-Literaturpreis wurde zusammen mit der Tübinger Poetik-Dozentur 1996 von der Stiftung Würth gestiftet.

Die Mitglieder der Jury sind: Hans-Ulrich Grunder (Professor für Pädagogik, Fachhochschule Aargau), Dorothee Kimmich (Professorin für Neuere deutsche Literatur, Universität Tübingen), Manfred Papst (Leiter des Ressorts Kultur der NZZ am Sonntag, Zürich), Karl-Heinz Ott (Schriftsteller, Baden-Württemberg), Thomas Scheuffelen (Professor für Literaturwissenschaft, TU Darmstadt). Geleitet wird die Jury von Philipp Alexander Ostrowicz (Literaturwissenschaftler, Copenhagen Business School, Dänemark).

Biographien der
AUTORINNEN UND AUTOREN

MARTINA BERSCHEID, geboren 1973 in Kaiserslautern. Nach dem Abitur Biologie-Studium, Tätigkeit als PR-Referentin. Schreibt vorwiegend Prosa und arbeitet derzeit an einem Roman. Veröffentlichung von Texten in Literaturzeitschriften und Anthologien. 2015 eine der beiden Hauptpreisträgerinnen des Hans-Bernhard-Schiff-Literaturpreises. Mit ihrer Familie lebt sie in Homburg / Saar.

GERHARD DICK, geboren 1949, aufgewachsen in der Hallertau und im Berchtesgadener Land, wohnt jetzt im Allgäu. Nach dem Studium der Germanistik und Anglistik in Freiburg / Brsg. Gymnasiallehrer in Großbritannien und Bayern. Langjährige Tätigkeit als Lehrbuchautor beim Ernst-Klett-Verlag. Literarische Aktivitäten (Lesungen mit Musik) in Schwaben. Roman *Die Nudistenwallfahrt* (2009), Kurzgeschichten in mehreren Anthologien (z. B. *Pastorale* in Würth, Band 21); Würth-Literaturpreis 2011 (2. Preis); Schwäbischer Literaturpreis 2011 (2. Preis).

KLAUS GOTTHEINER, geboren 1959 in Frankfurt am Main. Studium der Sinologie, Japanologie und Germanistik, Studienaufenthalte in Taiwan und Japan, 1990-1994 wieder in Taiwan als Redakteur, Übersetzer und Hochschullehrer für Deutsche Sprache und Literatur. Heute Fachreferent für Ostasienwissenschaften und Beauftragter für Öffentlichkeitsarbeit und Ausstellungen an der Universitätsbibliothek Trier. Veröffentlichungen in Zeitschriften und Anthologien.

STEFAN HABERMANN wurde 1962 in Stuttgart geboren und wuchs in Kornwestheim auf. Nach dem Abitur studierte er an der Akademie der Bildenden Künste in Stuttgart Kunsterziehung, in Freiburg / Brsg.

Germanistik. Künstlerische Schwerpunkte waren dabei die intensive Beschäftigung mit Malerei, Bildhauerei, Schrift und Grafik, aber vor allem auch mit experimenteller Fotografie (Polaroid) und dem Medium Film. Publikationen in mehreren Ausstellungskatalogen. Seit 1989 Entstehung und Veröffentlichung zahlreicher literarischer Bücher (Erzählungen und Romane), ab 2011 mehrere Gedichtbände, zum Teil auch veröffentlicht, zuletzt *Sämtliche Gedichte 2011-2015*. Seit 1994 unterrichtet der Autor an einem Gymnasium in Öhringen.

GABRIELE HAMMER lebt in Nürnberg, kaufmännische Lehre, Zweiter Bildungsweg, Hochschulstudium Iberoromanistik, Soziologie, Geschichte, zahlreiche Jobs, u. a. als Modell an der Kunstakademie, Leitung von Gesprächsgruppen im Untersuchungsgefängnis, Betreuung von Sinti und Roma, Gruppenleitung beim Sozialpsychiatrischen Dienst, seit 20 Jahren Programmleitung in der Erwachsenenbildung, 1990 Forschungsaufenthalt in Leipzig, in den frühen 1990er Jahren Veröffentlichung von Prosaminiaturen in der damaligen Ost-West-Wochenzeitung *Der Freitag*, seit 2012 Arbeit an dem Prosaprojekt *Kaum Tote im Heimatland*, Teilnahme an Schreib-Workshops / Seminaren der Textmanufaktur und der Bundesakademie für Kulturelle Bildung Wolfenbüttel.

BIRGIT HOFMANN, geboren 1975, arbeitet am Historischen Seminar der Universität Heidelberg. Sie studierte Germanistik, Politikwissenschaft und Geschichte in Heidelberg und Freiburg und war Stipendiatin der Heinrich-Böll-Stiftung und des Deutsch-Tschechischen Zukunftsfonds. Mehrere Aufenthalte in Prag. Promotion 2014 zum Thema *Der ›Prager Frühling‹ und der Westen* (Hans-Rosenberg-Gedächtnispreis). Für ihr Schreiben erhielt sie mehrfach Auszeichnungen: So war sie 1999 eingeladen zum »Open Mike«, 2007 Stipendiatin des Elften Klagenfurter Literaturkurses; sie war 2006 und 2011 bereits in den Anthologien zum Würth-Literaturpreis vertreten und 2012 und 2014 Finalistin des Wiener Werkstattpreises (2012 3. Platz

Publikumspreis). 2015 erhielt sie ein Romanstipendium des Förderkreises deutscher Schriftsteller Baden-Württemberg.

VERENA KESSLER, geboren 1988 in Hamburg, lebt in Dresden, hat Werbetext an der Texterschmiede in Hamburg und Germanistik an der Humboldt Universität zu Berlin studiert und arbeitet als freie Texterin. Veröffentlichungen in verschiedenen Literaturzeitschriften. Finalistin des Brandenburgischen Literaturpreises 2015.

FELIX KUCHER, geboren 1965 in Klagenfurt, Kärnten, studierte Klassische Philologie, Theologie und Philosophie in Graz, Bologna und Klagenfurt, ist Qualitätsmanager, Lehrer und Weinbauer. Zahlreiche Fachpublikationen zu Humanismus und Pädagogik. Im Herbst erscheint sein erster Roman *Malcontenta* bei Picus, Wien. Lebt und arbeitet in Klagenfurt.

EVAMARIE KURFESS schreibt Kurzgeschichten, Essays und Poesie. 2013 war sie zum ersten Mal in der Würth-Anthologie vertreten mit ihrer Kurzgeschichte *Die Schönheitskönigin Sarah Rotblatt fährt an einer Tankstelle vor*. Im gleichen Jahr errang sie den zweiten Platz beim Literaturpreis der Badischen Zeitung in Zusammenarbeit mit der Staatlichen Kunsthalle Karlsruhe zur Ausstellung *Unter vier Augen* mit ihrer Bildbeschreibung *Memoria*. Ihr Gedicht *gottes kriegerin* ist zu lesen in der Lyrikanthologie *Schlafende Hunde IV*. 2015 war ihre Geschichte *Mirabellen und Kirschen* auf Platz sieben des Münchner Kurzgeschichtenwettbewerbs. Sie ist freie Journalistin und lebt mit ihrer Familie im Hochschwarzwald.

KAI METZGER, geboren 1960 in Düsseldorf. Metzger lebt seit 1980 mit der Philosophin Monika Boll zusammen. Studium u. a. bei Jochen Hörisch. Jobs in Produktion, Psychiatrie, Gastronomie, Jugendfürsorge und Yachtüberführung. 1993: *Die Ey*, Libretto zur

Oper von Ratko Delorko, Uraufführung: Junges Theater in der Altstadt, Düsseldorf. 1993: *Keine Geschichten,* zehn Kurzgeschichten, Grupello Verlag, Düsseldorf. Auszeichnungen: Literaturförderpreis der Stadt Düsseldorf 1992, Literaturförderpreis des Landes Nordrhein-Westfalen 1993, Würth-Literaturpreis 2007, Harder Literaturpreis 2009, Finale des MDR-Literaturpreises 2012, Würth-Literaturpreis 2013.

Doris Anna Schilz wurde 1966 in Bitburg geboren. Nach ihrem Studium der Germanistik, Romanistik und Politischen Wissenschaften in Köln, Perugia und Lecce und einer anschließenden Ausbildung zur Filmcutterin hat sie viele Jahre in verschiedenen Funktionen bei deutschen und italienischen Film- und Fernsehproduktionen mitgearbeitet. Zurzeit lebt sie in Berlin und genießt die tägliche Herausforderung, Familie, Cutterjob und die Arbeit an ihrem ersten Roman unter einen Hut zu bekommen. In vorherigen Anthologien des Würth-Literaturpreises erschienen bereits ihre Erzählungen *Morgen Stunden Gold* (2012) und *Tatort* (2015, 2. Preis).

Monika Severith, geb. Dudt, ist in Stuttgart geboren und lebt heute in Niedersachsen. Sie hat in Hildesheim Diplom-Kulturpädagogik studiert und schreibt für Kinder, Jugendliche und Erwachsene Prosa und Erzählungen. Verschiedene Literaturpreise und Veröffentlichungen in Anthologien, zuletzt*: Eigentlich & Eigenlicht* in *manuskripte* 205/2016. www.monika-severith.de

Ulla Steuernagel, geboren 1954 in Opladen (bei Köln), Studium Empirische Kulturwissenschaft, Kunstgeschichte und Pädagogik, Redakteurin beim Schwäbischen Tagblatt in Tübingen, verheiratet, zwei Kinder. 2002 hat sie zusammen mit Ulrich Janßen die »Kinder-Uni«-Vorlesungsreihe erfunden und die Kindersachbücher *Die Kinder-Uni, 1.-3. Semester* (dva) verfasst, 2004 Nominierung für den Dt.

Jugendbuchpreis, 2004 Corine-Buchpreis für *Die Kinder-Uni. Erstes Semester*, danach weitere Kinder-Sachbücher *Tohuwabohu* (dva), *Mach das! Lass das!* (Klöpfer & Meyer).

RALF THIES, 1957 geboren, wissenschaftliche und literarische Veröffentlichungen in diversen Anthologien und Zeitschriften, 2006 *Ethnograph des dunklen Berlin. Hans Ostwald und die Großstadt-Dokumente*, Böhlau-Verlag, Köln, 2009 Harder Literaturpreis, 2011 Walter Serner Preis.